JN075801

Charles de Gaulle,
Un rebelle habité par l'histoire

シャルル・ドゴール

歴史を見つめた反逆者

ミシェル・ヴィノック
大嶋 厚 訳

作品社

日本語版への序文

我が国は、平均して一二年ごとに、国家の基礎とその機能の仕方の根本からの変化を経験したと言うことができます。こうした不安定の結果として、安全保障、国内の発展、精神的統一を脅かす六回の侵略、いくつもの内戦、多数の暴動、混乱とクーデターが生じたのです。（中略）この止めることのできない周期性とも言うべきものは、我が国の政治に連続性の欠如と、動揺と、場当たり的対応の刻印を残してきました。それは、全体的に見て、惨憺たるものであったのです。

シャルル・ドゴール　一九四五年七月一二日のラジオ演説

Discours et Messages, T.1.p.579-580.

シャルル・ドゴールは、フランス現代史において、他に例のないタイプの国家元首である。

同時にまた、一九五八年のドゴールの政権復帰は、フランス政治と切り離すことのできないある種の〈病〉の結果でもあった。それは、この国が一七八九年の革命以来、どのような国家制度を構築するのかについて、国民的コンセンサスを得るのに苦労してきたことを示している。

ドゴール将軍のオリジナリティーは、一四年という時間を置いて、二度にわたりフランスの頂点に達することができたところにある。彼の名前、彼の持つイメージと栄光は、すべて第二次世界大戦によっている。かつてない大胆な行動により、ただの准将でしかなかった彼が、ペタン元帥とヒトラーのドイツが計画していた休戦、さらには休戦協定それ自体を、すぐに拒絶したのである。

一九四〇年六月一八日、彼はロンドンのラジオで抵抗を呼びかけた。それは、英国との同盟に基づき、戦闘を継続しようとするものであった。その直後に、ウィンストン・チャーチルは、彼を〈自由フランス〉の指導者として承認した。戦時期を通じて、欠席裁判により死刑宣告を受けたこの〈反逆者〉は、英国を拠点に自立的なフランス軍を組織しようと試み、植民地から多数の志願兵を集めるとともに、植民地の一部を味方につけるのに成功した。一九四四年にフランス解放が実現すると、彼は自然にパリで臨時政府の議長となった。第四共和制の樹立を目的とする憲法制定議会の召集に向けて、選挙が予定されていた。ドゴールには、自身の憲法案があったが、第三共和制下と同様に議会を権力の中心に置こうと望む議会の多数派を説得することに失敗した。強力な行政府の必要性を主張しながらも、自身の考え方を受け入れさせることができなかった将軍は、一九四六年一月に臨時政府議長を辞任した。

この辞任により、ドゴールは逆に、後年自らの政治上の計画を実現するために必要となる威信を獲得した。彼は一九四〇年にフランスの名誉を救い、一九四四年には祖国が自由を取り戻すのに寄与し、臨時政府議長として一九四四年から四六年までに福祉国家と呼ばれるものの基盤となる法制度を確立した。加えて、彼は一九四〇年に敗れたフランスを、一九四四年には戦勝国の一つとし、特に国連安全保障理事会の常任理事国の地位と、米国、英国、ソ連とともにドイツの占領地域を獲得した。

早期に政権に復帰するとの彼の希望は叶わなかった。新しい共和国は、何とかドゴールなしに生きていくことができた。少なくとも、一九五八年までは。この年、アルジェリアの危機が〈砂漠の横断〉の後に、きわめて深刻な状況の中、彼に政権復帰の機会を提供した。

解放戦争の舞台となったアルジェリアで、少数派とはいえ数が多いヨーロッパ人（人口の約一〇％、およそ一〇〇万人）が、FLNと戦う軍の支援を受けて、ゲリラを制圧し、〈アルジェリー・フランセーズ〉の大原則を擁護できる〈救国〉政府の樹立を求めて蜂起したのである。軍による支持は、決定的な要因となった。パリでは、クーデターへの恐怖から、当初は否定的ながら、やがて不安を覚えた議員たちは、ドゴール将軍を内閣の首班に迎えることで〈アルジェリア危機〉を収束させるとともに、新憲法の制定を行なうとの判断に傾いた。第五共和制憲法は、一九五八年九月に国民投票で八〇％近くの支持を受けて公布され、これは将軍にとっての勝利となった。この憲法は一九六二年、アルジェリアで平和が回復された後に、大統領が直接選挙により選出されるよう改正された。この際ドゴールは、個人権力に反対する政界の大部分を敵に回したが、彼の計画はこの時も国民投票により賛成を得た。

これ以後、フランスにおける政治権力は、表面上は首相が担当するが、実態上は国民により直接選ばれ、巨大な権力を持ちながら議会に対して責任を負わない大統領が掌握するようになった。こうして、新たな体制は〈共和主義的君主制〉、もしくは〈選挙による君主制〉と呼ばれるに至った。それでも、ドゴールは普通選挙を権力の源泉としているために、民主主義者だったと言うことができる。加えて、彼は何度も国民投票に訴えた。これは、有権者に直接信を問うことを意味した。否決されれば、彼は辞任するとした。一九六九年に、制度改革に関する最後の国民投票で敗れると、彼は実際に辞任した。

一九五八年の政権復帰により、ドゴール将軍は一連の〈救世主的人物〉、〈救い主〉の一人となった。これは、代議制が非力で、不安定で、腐敗している時に権力を託される人物である。一七八九年の革命以来、和解し合えないフランス国民は常に分裂し、憲法により議会制民主主義のルールを確立することができなかった。一七九四年のロベスピエール失脚後、国民公会と総裁政府は、多数を占めようとするさまざまな党派間の均衡を見出すことができなかった。その後ブリュメール一八日のクーデターによって、ボナパルトが最高権力に上り詰めた。一八一五年のワーテルローの戦いで皇帝ナポレオンが最終的に敗北した後、フランスは二度にわたり立憲君主制を試みたが、これらは一八三〇年と一八四八年の革命により押し流された。その後樹立された第二共和制は男子普通選挙に基盤を置いたが、王党派の複数の流れと穏健共和派、さらには極左による分裂状態のため、生き延びることができなかった。一八五一年一二月二日の新たなクーデターは、全権力を大統領ルイ・ナポレオン・ボナパルトに付与した。一年後、彼は第二帝政を打ち立てた。

一八七〇年七月に始まった普仏戦争に敗れて第二帝政が崩壊すると、ボナパルト体制は脆弱な共和制に席を譲った。新たな共和国が、王党派の最終的な敗北により安定したのはようやく一八七九年のことである。現在までのところ、一九四〇年にヒトラーのドイツに敗れるまで続いた第三共和制は、最も長期にわたった体制である。この共和国には、第一次大戦に際してはすべての政党と世論を統一して、〈神聖同盟〉の形成に成功するという功績があった。

しかし、これは一九一八年の勝利以降は続かなかった。第三共和制は、強力な〈指導者〉を求める批判勢力の攻勢によりいくつもの重大な政治危機を経験した。一八八〇年代のフランスは〈ブーランジェ派〉(ブーランジェ将軍の支持者)の運動を経験し、体制は危うく転覆されるところであった。一九三〇年代には、多かれ少なかれムッソリーニのイタリア、次いでヒトラーのドイツに影響を受けた多数の政治運動が、〈強い人物〉を政権につけようとして、議会制の終焉を要求した。一九三四年二月六日の流血の一日は、危うく議会制民主主義を壊滅に導くところだった。一九三五年に、ラ・ヴィクトワール紙の主筆で第三共和制に反対するギュスタヴ・エルヴェは、救世主的人物への期待をよく表わす題名の小冊子を刊行した。『我々にはペタンが必要だ』である。

フランス国民はペタンを権力の座に迎えたが、これは個人権力の政権であった。ヴィシー政府は占領軍であるドイツによって樹立され、制御され、操作されていた。それでも、絶望的な状況の中で、フランス国民の大半は、特に一九四〇年から四二年にかけて、風向きが変わるまでの間老元帥を支持し、偶像のごとくに崇拝した。一方で、自由フランスとレジスタンスは彼に抵抗した。

ジャンヌ・ダルクの祖国では、分裂と救世主への呼びかけからなる動きが繰り返し見られる。アルマニャック派とブルギニョン派に分裂し、侵略してきた英国と戦う一五世紀のフランスで、奇跡が起きた。ロレーヌ地方から一人の少女が現れ、部隊を指揮し、英国の野望に対抗してシャルル七世を戴冠させ、信じられないことにフランス王国を立て直すのに成功したのである。国民の物語（ロマン・ナシオナル）において、ジャンヌ・ダルクという英雄的で幻想的な人物像は、国境を越える輝きによって信頼を寄せられるものとなり、絶望と苦悩の中にある時に、突如として神の摂理によって選ばれた少女によって救われた国にとっての救世主の原型となったのである。

一九四四年にもう一人の神の摂理による救世主的人物であり、いまでは追放され、有罪を宣告されたペタン元帥の後を襲ったシャルル・ドゴールは、ジャンヌ・ダルクのつもりになったかもしれない。後に彼が樹立した第五共和制は、その前の失敗した二つの共和国の不安定と無力に対する回答であり、その運命は救世主に託されたのである。

将軍のカリスマ的権力、六月一八日の伝説、個人的な威信は、国民の圧倒的な支持があって初めて政権復帰への推進力となった。ここに、ある種のポピュリズムの形を見ることができる。彼は頻繁に、民衆の素朴な良識をエリート、ジャーナリスト、政治家と対比し、称揚する発言を行なった。彼は警備を無視して、群衆の中に入って握手をした。こうして彼は、幸いにも〈国民的心情〉を持つ民衆と交感したのである。

しかし、この種のポピュリズムには限界があった。なぜなら、ドゴールは国家を深く信じていたからだ。彼は、フランスでは国家が国民より先に存在し、国家が国民を生み出したことを知っていた。しかし同時に、彼は国民の支持を得て統治するとの立場を取った。それゆえに、彼の政治権力のコンセプトは国民の同意を必要とし、国民投票の実施が根本的に重要であった。

一九五八－六二年の憲法は、現在各方面から見直しを迫られている。共和国大統領の権力は強すぎ、中間団体の力は弱すぎる。議会は、フランス社会の実態を十分に代表していない。あまりに垂直的な権力（ドゴールの後継者たちは、国民投票と自らに対する信任を結びつけたことはなかった）に対抗して、より明確な参加が求められている。しかし、制度に関する改革は、既存の権力の壁に阻まれている。たとえば、上院が抵抗を示しているように。

奇妙な形で、二〇一七年のエマニュエル・マクロンの大統領選出以来、フランスはドゴール将軍が好んだであろうと思われる状況のもとにある。左でも右でもないと主張する大統領を前にしての左右の大政党の大敗、そして大統領を支持する各党派による国民議会での絶対過半数獲得である。ドゴールとの大きな違いは、将軍が一〇年余りにわたって高い人気を誇ったのに対して、エマニュエル・マクロンはすぐにいくつもの危機への対処を迫られ――二〇二〇年に始まったパンデミックは、最大の危機の一つである――、有権者の多数の支持を失うに至ったことである。マリーヌ・ルペンと国民連合が体現するポピュリズムの危険は、これまで以上に大きくなっている。

二〇二二年の大統領選は接戦が予想され、一方で棄権はさらに増加すると見込まれている。これまでのところ、ドゴールが一九五八－六二年に築いた国家の構造は、持ちこたえることができた。

しかし、この基盤が、妥協とコンセンサスを求めることが不得意なこの国において、あらゆる社会的、政治的な風雨に耐えられるとは限らない。いずれにせよ、フランス国民は、一八七五年の第三共和制憲法以来最も堅固、あるいは最も不安定でない体制を築いたドゴール将軍に、いまなお多くを負っているのである。

シャルル・ドゴール●目次

habité par l'histoire

——歴史を見つめた反逆者

シャルル・ドゴール—

Charles de Gaulle. Un rebelle

凡例

・本書は Michel Winock, *Charles de Gaulle. Un rebelle habité par l'histoire*, Gallimard, 2019 の全訳である。
・訳注は、本文中に〔 〕でくくって入れた。
・読みやすさに配慮し、段落の区切りを編集の責任において一部変更した。
・日本の読者向けに、著者の許可のもと、写真を多数挿入した。日本語版写真出典は左を参考に掲載した。
https://www.charles-de-gaulle.org/lhomme/frise-chronologique/; Caroline Pigozzi / Philippe Goulliaud, *Les photos insolites de Charles de Gaulle*, Gründ / Plon, 2019; Patrice Duhamel et Jacques Santamaria, *De Gaulle l'album inattendu*, Éditions de l'Observatoire, 2020
・各章のタイトルに、年代や出来事などを補った。

1. 序――ドゴールという男

1933年、ドゴールと娘アンヌ

「慎重さ、精神力、偉大さ。これらの名声の条件は、これらを満たしたいと望む者に、大半の人が抵抗を覚える努力を課すものである」

『剣の刃』

長い間、ドゴール将軍は六月一八日の人物であり続けた。

軍の厳格な規律の外側に身を置いて、ロンドンから戦いの継続、次いで休戦の拒否を呼びかけた人物である。欠席裁判で死刑を宣告された彼は、粘り強く、また強い意志をもって、絶え間のない戦いの末に、フランス・レジスタンスの指導者としての立場を確立するに至った。降伏により誕生したペタン体制と対立するばかりでなく、自分こそがフランスの体現者であるとの彼の立場をなかなか認めようとしない連合軍、特にルーズヴェルトに対して、自分の権威を確立したのである。『大戦回顧録』に自ら記したように、「国家には頭が、すなわち指導者が必要である。それは、さまざまな変動を超えて、重要事項を担い、国民の運命を保証する責任者として国民が見ることのできる人物なのである」。

この立場から、ドゴールは分裂した国の再統一を実現し、戦争終結とともに戦勝国の一員に位置づけ、ドイツの占領地域の一部と、国連安全保障理事会の五つの常任理事国の席の一つを獲得し、共和制フランスを再興したのである。

復活と再建に関する彼の事業は、長い間、未完成のままであった。一九四四年には新しい共和国が誕生したが、それは彼が樹立を希望していたものではなかった。このため、彼は一九四六年一月に政権を去ることになる。

そして、国民の結集のための政治運動設立を試み、フランス国民連合（RPF）を結成した。これは、彼が求める強い国家の建設を目的としていた。しかし、これは失敗に終わった。一九五八年には、政界の一部とマスコミで、彼の名前が再び取りざたされた。一部の人々は、アルジェリア戦争で身動きが取れなくなり、断末魔の苦しみにあるように思われた第四共和制にこの大人物が復帰することを想像し、それを願うようになった。しかし、大多数の人々にとって、ドゴールの栄光の時代はもう過ぎ去っていた。一九五八年五月一三日の衝撃的な事件が、彼らに間違いを気づかせたのである。

ドゴールとは、いったい何者だろうか。

確かに、彼はイデオローグ、すなわち理論的な体系を重んじる人物ではなかった。彼は状況というものが持つ重要性を理解していたし、決して現実から離れるべきではない、との政治上の格言も知っていた。彼の望みは、またしても分裂し、対立に明け暮れ、国民が共有する方向を定められずにいる祖国に再び輝きを与えることであった。その後、一九五八年に、「現代に適合した形で、この国家に一六九年前から欠けていた安定と継続性を回復させる制度を付与する」ことを目指していたと彼は書いた。この具体的な数字が、彼の考えを明らかにしてくれる。彼の目には、一七八九年の革命前夜以来、フランスは自らの手でその運命を動かす力を十分に取り戻せずにいたのである。この点で、彼は君主主義者だったのかもしれない。しかし、「現代に適合した」憲法の形を望んでいると説明することで、彼は現実主義者としての側面も明らかにした。

ドゴールは早くから、共和制は分裂を招く体制だとの確信を持っていた。彼が生まれ、軍の改革を試み、ヒトラーの台頭を前にして驚くべき脆弱性を目の当たりにした第三共和制がそうであったように。彼は「政党」を嫌悪していた。なぜなら政党は互いに対立し、争い、国家が「頭」を持つこと、国民がリーダーを仰ぐこと、フランスがしかるべき地位、すなわち最高の地位を占めることを阻害するからである。

フランス解放後に各政党が練り上げた複数の憲法案をいずれも拒否した後に、彼は一九四六年六月一六日のバイユーでの演説で、憲法制定議会に取り上げさせることができなかった国家制度に関する意見を述べた。この意見は、一九五八年の憲法草案に反映されることになる。ドゴールにとって、権力の正統性は国民にのみ由来するが、民主政治は国民による国民の統治ではなく、結局のところ、フランスは自らの利害を追求し続ける政党により統治されていた。ドゴールの掲げたキーワードは、「結集（ラサンブルマン）」である。彼はこう書いた。「私が必要と考えていたのは、政府が議会、すなわち諸政党に由来するのではなく、政党を超えたところで、全国民から直接負託を受けた指導者に由来することである」。そこから、彼の「エリート」、すなわち常に策略や陰謀をめぐらす人々に対する不信、そして主権者たる国民と直結した行政府の再建が必要だとの深い確信が生まれていた。国民は、古代の民主制のように直接統治を行なうことができないため、その権限を一人の指導者に直接託さなくてはならない。国民と指導者の間には、直接的な紐帯が、「魂の一致」が、日常における対立を超越する協力関係が必要となる。その目的はただ一つ、国の偉大さ（グランドゥール）の実現である。ドゴール将軍のフランスは、フランス国民と切り離すことのできない国家であるフランスだ。「国民は、私を聞いてくれているものと信じる。その日が来たら、私は国民が私に同意するか、それとも同意しないか問うことになろう。その時、私にとって、民の声は神の声となるだろう」。これは、空虚な言葉ではなかった。

＊＊＊

一九五八年の将軍の政権復帰は、あらゆる可能性に対する挑戦であった。そこには奇跡、めぐり合わせ、神の恩寵、偶然の積み重ねがあったが、同時に巧妙な戦略が彼の再建者としての計画にプラスに作用した。

一九五八年憲法と、大統領の直接選挙制を定める一九六二年の憲法改正が、いわゆる共和主義的君主制を確立した。君主の権力はもはや神授ではなく、国民から与えられた。国民は、彼がかつて祖国のために挙げた実績と、祖国の運命のために彼がまだ貢献できる才を理由に彼を選んだのである。新しい共和国の立法者となった将軍は、二度目のフランス再建を実現した。一九四〇年に、彼はフランスを不名誉から救った。今回、彼はこれまでの共和国に欠けていた安定的な基盤を与えようと考えていた。

ドゴールは救世主的な人物となったが、それは自らそうありたいと望んだからだ。それは、少なくとも一九四〇年六月の呼びかけ以来、神意による任務であると彼が疑わなかったからだ。これは、誇大妄想だろうか。確かに、そうかもしれない。彼に反対する人々と敵たちは、彼のそうした態度にいら立ちを覚えた。ある者にとっては、彼は独裁者見習だった。皮肉屋たちは、彼をユビュ小父さん〔作家・劇作家アルフレッド・ジャリーの戯曲『ユビュ王』（一八八八年）の登場人物。権力と富を求める滑稽な人物として描かれる〕だと見なした。これは、誇大妄想というよりは、一般市民の想像を超える偉大さへの渇望なのだろうか。それもそうだろう。しかし、この自尊心は自らの栄誉を目的として国家の頂点にまで至ろうとするものではない。彼の取った行動、また取ろうとする行動は、「卓越した、特別な運命を定められた」フランスの国益に従うものなのである。彼の目には、偉人は確かに存在し、彼の運命はそのうちの一人となることだった。それでは、なぜ彼なのか。彼はすでに、『剣の刃』に書いている。「事実は、一部の人物が、出生時から、説明困難な威厳を持つ力を発散していることである」。この言葉を、ルイ一四世の『回想録』に見出せたとしても、まったくおかしくはないだろう。何をするのが国のためによいのかを決めるのは国民ではない。重要な選択を行ない、国の取るべき方向を定め、「国の姿を明らかにする」のは、しかるべき手順によって国民から選ばれ、権力を託された指導者の役割である。ドゴールは「統治される民主主義国家」を信奉し、それを自分で作り上げた。この体制は、定期的に有権者の審判を求める——主として、国民投票を通じて——一方で、その頂点においてはただ一人の人物が方向性を定め、決定を下す。ドゴールは、大統領在任中、国内の都市や地方を訪れて、民衆と直接に触れあい、また新たな手段を用いて国民に直接語りかけた。その手段は、一九六〇年代にフランスの家庭に普及していったテレビであった。

必要とあらば、危機が迫った場合、指導者はローマ共和国の独裁者——常に、暫定的である——のように、全権を掌握する。これが、君主制的傾向と、民主主義の精神を均衡させる憲法第一六条の基礎となる。一九六九年のシャルル・ドゴールの辞任は、第五共和制の創始者が当初の発想に忠実であったことを最後に示した。民の声は神の声なのである。国民投票が否決され、彼は権力の行使に不可欠な国民との間の独特な紐帯が断絶されたと考えた。退陣以外に道はなかった。

一九五八年には、ドゴールに対立する左派は彼が反動勢力の支援により権力を掌握したと見なし、よって彼が反動派の代表であるとしか考えられなかった。ドゴールはサランとマシュの両将軍〔サランは当時アルジェ軍管区司令官、マシュは空挺師団長〕より懇請され、ペタン元帥を懐かしむ恨みがましい人々を含む極右のメディアから喝采を受け、ピエ・ノワール〔アルジェリアに定着したフランス人〕の最も活動的な分子から熱烈な歓迎を受けた。そうである以上、仮に彼が望んだとしても、実力部隊を動員できるこれらの味方をどうすれば排除できただろうか。

ドゴールとその他の軍幹部とを隔てていたのは、もちろん祖国への愛ではなく、国家における政治についての考え方である。後に第五共和制の創立者となる彼は、一九三八年に著書『職業軍をめざして』の中で、次のように書いた。「指揮を真に教えてくれるのは、したがって一般教養である。一般教養により、思考は順序だってめぐらされるようになり、事物のうちの本質的なものと二義的なものが判別でき、延長線上にあるものと途中から入り込んできたものが見分けられ、要するに全体像が微細な差異によって惑わされることなく見える段階にまで高められるのである」。サランやマシュ、あるいはアルジェリア駐留フランス軍のより低い階級の軍人たちは、戦争にどっぷりと浸かって、彼らが正統な基盤を持たないとして疑問視するアルジェリアのナショナリズムを叩き潰したい気持ちにとらわれていた。この点に注目するあまり、彼らは「全体」を理解することができなかった。ドゴールはナショナリストであると同時に歴史意識を持っていた。それだけに、歴史の大きな流れを理解しており、アルジェリアの反乱がその流れの中に位置づけられるものであると知っていた。彼は現実主義者でもあったから、前年にレイモン・アロン〔一九〇五―八三年。哲学者、社会学者。パリ大学教授。高等師範学校で同期のサルトルとともにレ・タン・モデルヌ誌を創刊。ル・フィガロ紙に論説を寄稿し、共産主義批判で知られる。著書に『知識人のアヘン』、『工業化社会に関する一八章』、『回想録』など〕が『アルジェリアの悲劇』で示したように、人口が「急増」する九〇〇〇万人のイスラム教徒の「統合」が幻想でしかないことを理解していた。彼が推奨する「可能性の技法」は、すぐに明解な解決法を見出すことを禁じた。しかし、こうした柔軟な精神は、アルジェリー・フランセーズ〔アルジェリアはフランスである、との考え方。アルジェリアは他のフランス植民地とは異なり、三つの県に分割され、本土に近い行政機構を備え、本土並みの扱いを受けていた〕の支持者の特徴である固定観念と対立するものだった。その支持者とは、まず軍の幹部である。この矛盾が明らかになった時、ドゴールと将軍たちとの対立は避け難いものとなった。彼は恐らく、最初からそれをわかっていただろう。彼はこの戦いに勝利し、平和をもたらすことになる。

ドゴールの世界観は、何ごとにも悲観的なものだ。「何のためになるのか」という疑問が、常に彼のうちにはあった。彼は人間の弱さを知っており、フランス人の悪習、彼らの意見の変わりやすさ、喧嘩好きな傾向を理解していた。彼は一九五八年のフランスが、ルイ一四世あるいはナポレオンのフランスに戻ることは決してないと知っていた。しかしながら、彼は行動という魔物に取りつかれており、秘密の合言葉を心に抱いていた。それは、「そうであるかのように」することである。彼は、亡くなる少し前にこう書いている。「私は、自分の家に長い孤独の最後の夕暮れが訪れるのを見ていた。私を孤独から引き離そうとするこの力とは、いったい何なのだろうか」。ドゴール的な英雄は、個人としての人間が自然に持っている善良さや、偉大な行動の永続性について、幻想を抱いてはいない。彼を動かすのは、自らのうちにある絶対的な要求である。彼が権力にしがみつかない理由は、それに由来する。彼にはいつでも辞任する用意があり、同時代の人々との間の契約が断ち切られたと理解した場合には、実際に辞任するのである。

『剣の刃』の当時から、ドゴールは、「支配」がそれを行なう者に極度な緊張を課すこと、また支配者は常に孤独であることを認識していた。

慎重さ、精神力、偉大さ。これらの名声の条件は、これらを満たしたいと望む者に、大半の人が抵抗を覚える努力を課すものである。この絶え間ない制約、途切れることなく続く危険は、その人物の内面の深奥を試練にさらす。その結果、内なる闘いという状況は、この努力を続けることに同意する者に対して、その性格に応じて厳しさに違いはあっても、苦行衣が修行者を一歩進むごとに傷つけるように、いつでも魂を傷つけずにはおかないのである。ここで明らかになるのは、十分に説明されない引退の理由である。すべてに成功し、人々の喝采を受ける人物が、ある日突如として重荷を投げ捨てるのである。

予想外な形で、一九五八年六月一日、政権に復帰したドゴールには、フランス国民の同意を得て、ようやく安定した体制を確立するための国家機構を作り上げる必要があった。

ドゴール将軍が「フランスをつくった」人物の一人であるとするならば、それは彼の行動が、二〇年足らずの間に二度にわたって、国の運命にとって決定的となったからである。一度目は、敗北に伴う服従を拒絶して、侵略者と協力する体制に立ち向かい、内戦の発生を避けつつ、母国に抵抗する国民としての誇りを取り戻させた。一九四四年には、力が衰えたとはいえ不名誉から救われたフランスに自らの運命を取り戻させた。一九五八年には、彼が否定した憲法に基づく第四共和制が、時代錯誤的であるとともに出口の見えないアルジェリア戦争の泥沼にはまっていた。ドゴールはこの機会を捉え、新たな政治体制の樹立に成功した。この体制は植民地主義の時代を閉じることを可能にし、一七八九年以降で最も強固なものとなった。戦争指導者であった彼は、立法者に変身した。前者は、フランスに大国としての位置を取り戻させ、後者は一世紀以上続いた不安定な状況からフランスを解放する制度・機構を作り上げたのである。

郵便はがき

料金受取人払郵便

麹町支店承認

9781

差出有効期間
2022年10月
14日まで

切手を貼らずに
お出しください

1 0 2 - 8 7 9 0

1 0 2

［受取人］
東京都千代田区
飯田橋2－7－4

株式会社作品社
営業部読者係　行

【書籍ご購入お申し込み欄】

お問い合わせ　作品社営業部
TEL 03(3262)9753／FAX 03(3262)

小社へ直接ご注文の場合は、このはがきでお申し込み下さい。宅急便でご自宅までお届けいたし
送料は冊数に関係なく500円（ただしご購入の金額が2500円以上の場合は無料）、手数料は一律
です。お申し込みから一週間前後で宅配いたします。書籍代金（税込）、送料、手数料は、お届
お支払い下さい。

書名	定価　　　円	
書名	定価　　　円	
書名	定価　　　円	
お名前	TEL　（　　　）	
ご住所 〒		

ガナ
名前

男・女　　　歳

住所

メール
ドレス

職業

購入図書名

本書をお求めになった書店名	●本書を何でお知りになりましたか。
	イ　店頭で
	ロ　友人・知人の推薦
ご購読の新聞・雑誌名	ハ　広告をみて（　　　　　）
	ニ　書評・紹介記事をみて（　　　　　）
	ホ　その他（　　　　　）

本書についてのご感想をお聞かせください。

入ありがとうございました。このカードによる皆様のご意見は、今後の出版の貴重な資
して生かしていきたいと存じます。また、ご記入いただいたご住所、Eメールアドレス
小社の出版物のご案内をさしあげることがあります。上記以外の目的で、お客様の個人
を使用することはありません。

2. 軍人精神――第一次大戦前後

1915年3月10日、ドゴールはメニル＝レ＝ユルリュの戦いで、2度目となる負傷を左手に負った

文筆家ー精神力の人ー近代軍の思想家ーナショナリスト

「指揮を学ぶためには、一般教養が必要となる」
「アレクサンドロス大王の勝利の陰には、常にアリストテレスがいた」

『剣の刃』

ドゴールは、何よりもまず軍人である。

彼が受けた軍人としての教育は、その後の政治上のキャリアと分かち難く結びついている。彼自身、「軍人精神」を称揚し、それを自らのものとした。彼にとって、軍は「組織としての一つのモデルを代表」していた。彼の歴史上の役割を理解しようとするなら、ここから出発する必要がある。

シャルル・ドゴールには、いくつもの誕生日があった。知識のある人が最もよく知るのは、一九四〇年六月一八日である。事実この日に、将軍になって間もない彼が、思いがけない出来事により知られるようになったのである。この日付は、後にヒジュラ紀元〔イスラム教の始まりの年（西暦六二二年）〕のように聖なる意味を持つようになる。六月一八日に何もないところから作られた自由フランスは、希望を復活させた。そして、BBCの電波で流された呼びかけを聞かなかった人々も――ほとんどのフランス人がそのケースに当てはまったが――、呼びかけをラジオで聞いたようなふりをした。あたかも、歴史から取り残されたくないかのように。

しかし、シャルル・ドゴールはこの伝説的な日のはるか以前に誕生していた。一九二四年からロンドンの呼びかけに至るまでの時期に、同一の著者による四冊の書籍が、著者の特筆に値する個性を明らかにするとともに、戦法について書いたものでありながら、政治的な未来を予感させている。それらの著作とは、『敵国の不和』（一九二四年）、『剣の刃』（一九三二年）、『職業軍をめざして』（一九三四年）および『フランスとその軍隊』（一九三八年）である。

文筆家

一九二四年にベルジェ＝ルヴロー社から、無名の将校の著書『敵国の不和』が出版された。この著作は一部で評価を得たにとどまったが、すぐにドゴールが現代史家であり、また才能ある文筆家であることを知らしめた。著者はフランス軍の優位性によってではなく、ドイツ軍総司令部内を分断する重大な矛盾によって第一次大戦の展開を詳細に説明した。

ドイツの敗北の理由を一言で表すと、ドゴールによれば、それはマルヌ会戦〔第一次大戦初期、一九一四年九月に行なわれたパリ東方での戦い。フランス軍がドイツ軍の進撃を食い止めた〕の直前の、ドイツ軍第一軍司令官フォン・クルック将軍の命令違反から、最高司令官ヒンデンブルクおよびルーデンドルフの独裁に至る、作戦指導の過大な自信（ヒュブリス）によるものであった。これらの軍事指導者たちは、自らを世界の中心だと考え、文民の権力者である首相に対して強引に意見をのませようとした。クルックは自らの見解の中に閉じこもり、軍事上の規律に違反し、参謀総長モルトケの度重なる命令にもかかわらず、状況を理解しないままフランス軍の主力と激突したのである。さらに深刻なことに、ヒンデンブルク元帥と補佐役のルーデンドルフ将軍は、一九一七年にベートマン＝ホルヴェーク首相に潜水艦作戦を活発化するよう強要し、その結果、米国の参戦を招いた。

「英仏協商に希望を与えた米国の参戦がなければ、その数カ月後のロシア革命とそれに伴う独露の講和、春のフランス軍の攻勢の失敗とその結果としてのフランスの自信喪失は（中略）ウィルソン大統領による仲介の提案にも助けられて、ドイツ帝国が和平交渉を行なう上での好材料となると思われた」。

ドゴールの意見は、それからも変わらなかった。軍の指導部は、文民の権力に従属するべきである。不服従が適法である場合もあるが、それは政治権力による裏切り行為が明白であるケースに限られる――かかる事態は、一九四〇年に発生することになる。「軍人精神」は、決して軍が文民の権力に取って代われるとの幻想に与しないのである。

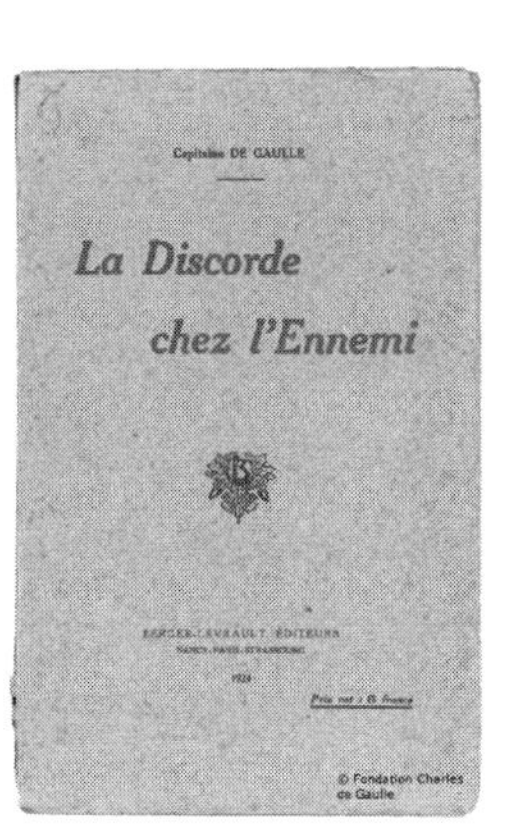

『敵国の不和』

ヒンデンブルクとルーデンドルフは、絶えずベートマン＝ホルヴェークを辞任に追い込もうとした。「大物」が彼と交代し、自分たちに従う首相となることを期待していたからである。彼らはベートマン＝ホルヴェークを失脚させることに成功し、「それ以降、ルーデンドルフが勝利によって目をくらませ、希望によって陶然とさせることができる限り、ドイツは彼の指導を従順に受け入れるようになろう」。その後に起きた事実は、軍の優位がもたらす弊害を証明していた。「強力にして勇敢な国民の突然の瓦解は、侮辱を受けた大原則の復讐を示すこととなった」。

読者は、この本が戦いの後に自らの活躍を語るか、引退して後に回想録を著す軍人の、よくある文章とは異なると気づいたはずである。ドゴールの文体は、注意を引かずにはおかない。未来の将軍の著書を読むにつけ、脳裡に浮かぶのはタキトゥス〔ローマの帝政時代の歴史家。『ゲルマニア』などの著作がある〕であり、またボシュエ〔一七世紀フランスのカトリック司祭、神学者。モー司教。説教者として著名で、王太子の家庭教師も務めた〕である。ローマの歴史家から、彼は簡素で凝縮した文章、巧みな警句、鋭い表現を受け継いだ。偉大な説教者であるボシュエからは、調子と、リズムと、アンチテーゼと、鮮やかなイメージと、言葉の技術を受け継いだ。こうした文体は、『敵国の不和』の最終章、「ドイツ国民の敗北」で、一九一八年の光景を見事に描いた。

ロシアとの講和条約が調印された時点で、ドイツは全戦力を一つの戦線に集中できるはずであった。その時、総司令部、政府およびメディアに煽られて熱狂した世論は、一種の歓喜に満たされた。勝利が見えてきた。そのことに疑いはない。フランスは不振に陥り、その敗北は間違いなかった。「フランスは略奪され、賠償金を支払わされ、植民地を失い、革命と経済の大混乱の渦中に置かれるだろう」。新聞は競うようにウィルソンを嘲り、クレマンソーを罵倒し、総攻撃の実施を求めた。「我々にはすべての準備ができている」とルーデンドルフは叫んだ。「我々にはすべてがそろっている。兵士も、大砲も、兵站も、戦車も（中略）。私は皆さんに早期の、そして完全な勝利を約束する」。汎ゲルマン主義者たちはさらに調子に乗って、来るべき領土の獲得や、「容赦のない賠償金請求」について語った。夏が近づくと、突如として様子が変化した。六月の攻勢は、どちらかといえば失敗だった。

ドゴールは次のように続ける。「この日以来、不安が感じられるようになり、やがて憂慮が、そして危機感が見られるようになった。自信には亀裂が走り、意欲には減退が認められた」。非公式な政府系新聞である北ドイツ新聞は、七月一六日になおも敵国フランスが限界に達している姿を描いていた。その二日後のエーヌ川とマルヌ川の間での激しい反攻は、ライン河の向こう岸〔ドイツを指す〕でまずは疑問を呼び、次いで狼狽とパニックを最終的に招くことになる。

さらに、ドゴールはドイツ社会がその上層部から底辺に至るまで分解した様子を描く。彼は歴史家となって新聞記事、ますます敗北主義的となる左派のメディアと、国民総動員と敗北主義者全員、特に社会主義指導者を逮捕するために独裁政権の樹立を呼びかける右派のメディアの記事を引用する。ドゴールは社会をとらえるアノミー〔社会的規範の崩壊〕症候群と、絶望した人々に取りついた快楽の狂気と、伝統的価値観の瓦解と、禁止令にもかかわらず開催されるダンス・パーティーなどを詳細に描いた。そこへ、ブルガリア降伏のニュースが飛び込んできた。

「瞬時に、危機は手がつけられなくなった……」。ヒンデンブルクとルーデンドルフは正常な判断ができなくなり、ただちに休戦を求めた。「ドイツは、運命から逃れられないことを理解した。そのときから誰もが、最初はさとられないよう心の中で、それから小声で、やがて声高に、何としても、対価がいかなるものであろうと、いますぐに戦争の終結を求めた。〝苦しむのはもうたくさんだ！〟との声が聞かれた」。それに続くのは、黙示録的な崩壊の図である。「恐怖と苦しみのあまり取り乱して敗走する軍部隊が指揮官らを殺害し、あらゆる行動に走るように、一九一八年一一月初めに、ドイツは革命へと突入した」。

父アンリ・ドゴール

シャルル・ドゴールのパーソナリティーと、古典的で、品があり、誇り高い文体で書こうとする意思を分断することはできない。彼は歴史に強い関心を持ちながら、フランスおよび諸外国の大作家の作品にも親しんでいた。少年時代から、彼は常にペンを手にして、空想的な物語や短編小説を書いていた。多数の書籍が、彼の読書欲を満たした。彼の祖父ジュリアン・ドゴールは、シャルル・ノディエが序文を寄せた『パリの歴史』を著したことで名を知られていた。彼の父アンリ・ドゴールは、パリのヴォージラール通りにあるカトリック系の学校で歴史、哲学と数学を教えていた。家族的環境と両親の本棚は、子供時代のシャルルに読書と書き物への志向を植えつけ、それは終生続くこととなる。未来のドゴール将軍は、言葉――発言と文書の双方で――を通じて自らを演出し、伝説を作り上げるに至ったのである。

精神力の人（オム・ド・カラクテール）

二冊目の著書となる『剣の刃』が一九三二年に刊行されるはるか以前に、ドゴールは部隊の指揮およびそれが求める主たる能力について考えていた。つまり、精神力（カラクテール）である。負傷して、ドイツ軍の捕虜となった一九一六年に彼が書き始めたメモには、次のようにある。

> 精神力の強い人間でなくてはならない。
> 行動において成功する最良の方法は、常に自己を制御することだ。さらに言うならば、これは必要不可欠な条件である。
> しかし、自己制御は、特に些細な問題に関して、ある種の習慣、継続的な意志の訓練により得られた精神的な反応であるべきである。それは態度、会話、思考法、特に仕事におけるあらゆる問題に関して求められ、応用される方法である。
> あまり話してはならない。それは、絶対的な条件だ。弁舌が立つということは、自らのうちに閉じこもるのに比べれば、全般的な影響力の観点からして、一〇〇分の一の価値もない。有為

CHARLES DE GAULLE
LE FIL DE L'ÉPÉE
ÉDITIONS BERGER-LEVRAULT
©Fondation Charles de Gaulle

『剣の刃』

な人間にとっては、思考はうちにこもったものでなくてはならない。他者は、ごまかされるものではない。

そして、行動においては、何も語るべきではない。指導者とは、語らない者である。

このメモから、早くも自画像の下絵を見て取ることができる。きわめて長身で、寡黙で、冷たい外見のため、軍の同僚たち、次いで捕虜仲間たちから、彼は例外的な指導者としての資質を持つ存在だと見なされた。そこから、彼には「最高司令官（コネターブル）」〔王政下における軍最高司令官に与えられた称号〕のあだ名が付けられた。広範な教養、意志の強さ、危険に直面した時の態度〔敵軍の砲弾が雨のごとくに降りそそぎ、他の兵士たちが伏せていても、彼だけは立ったままだった。そして、パリ解放時のノートルダムでのセレモニーの際、狙撃手の射撃に対しても毅然としたままであった〕、こうした特質と行動は、見る人を感嘆させずにはおかなかった。

この精神力への信仰について、「最高司令官」は有名になった文書をいくつか書き残している。一九二五年に軍事高等評議会副議長のペタン元帥の官房付となったドゴール大尉は、いくつかの講演を依頼され、それらは後の『剣の刃』の下書きとなった。そのうちの一つが、「指導者の資質」についての講演である。

彼は四つの単語にまとめた。決断力、知識、エネルギー、精神力である。

ドゴールは、書いた。「これらの資質の一部は、決断力と知識のように、習慣と勉学によって養うことができる。別の一つは、実際の権限行使を通じて成長させることができる。エネルギーである。しかし、精神力を作り出し、鍛える勉学や訓練は存在しない。一人ひとりの指導者は、自らの精神力を養うために、自らに精神的な義務を課す以外にはない。精神力が形成されるのは、心のうちにおいてである。精神力に対する信仰がなければならないのである」。

他者に対する影響力は生来の能力であるが、それを明確化するには一つの方法がある。第一に、指導者は距離を保つ必要がある。お喋りをしたり、親しみやすい態度を見せたり、冗談を言ってはならない。指導者は、恐れられなければならないのである。なぜなら、指導者に必要な威光は、ルクレティウスが Primus in orbe deos facit timor（世界に神を創ったのは、何よりもまず恐怖である）と書いたように、恐怖を呼び起こすものでなくてはならないからだ。決して弱点を、躊躇する様子を、不安な姿を見せてはならない。冷静であることが、威厳を保つ上では有益である。それは、他者の目に、より高度な本性を持つように映るからだ。自己の演出は、指導者に推奨される行為なのである。

この肖像画を、彼は『剣の刃』に採録し、さらに補完した。精神力の人は嫌われるのを恐れない。彼は非情だと見られ、部下を苦しめ、愛されることを求めない。「最後に、日常の習慣と、平穏を揺るがせない彼の豪胆さに、人は恐れをなす」。彼が次のように書くのを見ると、マキャヴェリの発想は遠くないことがわかる。「行動の人というものは、強力なエゴイズムと、自尊心と、冷酷さと、策略を抜きにしては考えられない」。指導者の能力、彼が惹起する怖れが入り交じった尊敬、彼の持つ威光に対する驚嘆、これが「軍人精神」の基礎となる。

ドゴールは、平和主義が勝ち誇るこの時代にあって、軍にその任務を自覚させ、また「あらゆるものの上に立つ流儀」を吹き込もうと努めていた。彼は第一次大戦という「例のない紛争の後で、人々が戦争を忌み嫌っている」ことを認識していた。軍事力の必要性をフランス国民に説き、兵舎の内部で逡巡する軍自体に、軍が他によっては代替不能であると説明しなければならない。「疑念が生じているこの時期に、フランスの軍事力の連続性が途切れてはならない。指揮を執るべき者たちの能力と勇気が削がれてはならない」。

行動の人にとっては、精神力だけでは十分ではない。それだけでは、せいぜいが頑固な人間を作るにとどまる。ドゴールは、知性と知力のもたらす成果を重視していた――戦略的な素養ばかりでなく、一般教養も。しかし、知性はそれだけでは不毛であり、本能による助けを必要とする。軍の教官が本能を称えるのは珍しい。

彼は、ベルクソンを読んでいた。『意識に直接与えられたものについての試論』〔『時間と自由』の題での邦訳もある〕と『創造的進化』である。彼は確固とした主義主張、抽象的な理論、揺るぎのない確信を警戒していた。というのは、「個別のケースに応じて、状況を見定めるべき」だからである。戦場での行動には、経験に基づく性質があり、多くの場合想定困難な現実への対応力には本能、すなわち直感的な能力が助けになるからである。彼はこう書いている。「知性が我々に存在についての理論的、総合的、抽象的な知識を与えてくれるとすれば、実用的で、個別的で具体的な感覚を与えてくれるのは本能なのである」。「知性と本能が組み合わさって行なう努力」が精神力と相まって、偉大な軍人を作り上げるのである。

一九三〇年代の初めに、この風変わりで傲慢な将校は注目を集めることになった。『剣の刃』は、成功したとは言えず、販売部数は一〇〇〇部に満たなかったが、メディアでは取り上げられた。彼の父親は亡くなる直前にこの本を読み、息子の作業を手伝った。一九二一年にイヴォンヌ・ヴァンドルーと結婚し、フィリップ、エリザベート、アンヌ（ダウン症のこの末っ子を、彼は特に可愛がった）という三人の子供の父親となった彼は、庇護者であったペタン元帥の推薦で、国防高等評議会事務局に書記として入局した。

1921年、イヴォンヌ・ヴァンドルーと結婚

ここで一九三七年まで、『大戦回顧録』に記したように、調査研究の面から、「国土の防衛に関する政治的、技術的、行政的な活動全般」に関わることになる。観察にきわめて適したこの職場で、彼はフランスの弱点をよく理解するようになる。「軍の組織はあまりに防御中心で、機動力が不足し、強力な装備による継続的な支援なしには攻撃的な作戦の実施に適さない。すなわち準備および計画の実行に十分な期間を必要とする」というのである。ドゴールは、このように、陸軍大学校の公式の作戦思想に異議を申し立て、軍事戦略および軍事政策の大幅な刷新を提案した。

近代軍の思想家

一九三四年出版の『職業軍をめざして』によって、シャルル・ドゴールは軍事政策の専門家の一人と認められるようになる。

第一次大戦での大量の戦死者と大規模な破壊がもたらした平和主義が強い社会的影響を持つ中で、何としても平和を守らなければならないとの一般的な感覚――「病的とも言える、極度なまでの反戦思想」――が、警戒と国土防衛の妨げになるのではないかと彼は懸念した。兵役期間の短縮は、徴兵に対して否定的な社会全般の空気に合致したものだった。同時に、彼は一九一四年から一八年にかけての大殺戮という過酷な実態に、決して無関心ではなかった。こうした事態が、軍の再編を構想する彼の根拠となった。その主張の中心を占めたのが、一〇万人ほどの兵員を擁する職業軍の創設である。技術革新と産業の近代化が、この構想を後押ししていた。

未来の軍は専門家集団により構成され、彼らには最先端の兵器の取り扱いに習熟するための時間が与えられる。「武器を手にした民衆」の伝統を完全に変革しようとするこれらの側面から、ドゴールは当時の画一的な考え方と手を切ったと言える。しかも、それに加えて、彼は防御に基本を置く陸軍大学校の公式な見解に疑義を呈したのである。

この著作は、堂々たる地理と歴史の講義で始まっている。著者の描くフランスの地図は、北東部に

「重大な欠陥」を抱えている。何回も、この地帯から侵略者が攻め込んできた。「何世紀も続いてきた祖国の弱点」、「死の大街道」、「邪悪な国境」、「慢性的な危険」であり、ただ一つの失敗で、首都が敵の砲火に脅かされてしまう。敵の侵入を許しやすいこの地理的条件を、歴代のフランス政府は外交により何とかカバーしようとした。

　しかし、外交は何かを保証できるものではなく、我が国の国境線のうちで最も脆弱な部分は「最も強力な隣国」の脅威に直面している。こうした地理的条件ゆえに、フランスが最後に頼ることができるのは軍事力のみである。フランスは「武装するか、そうでなければ存在しなくなる」のである。ドゴールは、国境線を守るために、十分な訓練を受けていない徴集兵らが防御する、もともと動かない要塞群をあてにするのは不合理だと考える。というのは、敵軍の侵攻に際して必要なのは、「瞬時に行動に移れる、すなわち常設で、戦力が一定し、整合性があり、兵器の扱いに習熟した部隊である。フランスの防衛は、職業軍なくしては成り立たない」。

『職業軍をめざして』

　『剣の刃』で、ドゴールは教条的な教義、「抽象的に構築された理論」を重視しがちな国民性に対して反対の声を上げ、マルヌの戦いでの勝利が「組み立てられた理論から解き放たれた司令官を栄光で包んだ」と指摘していた。

　彼は、「ドクトリン」に関する章を、次の言葉で結んだ。「軍事思想が、一世紀続いた理論一辺倒と、絶対性と、教条主義の呪縛

1939年10月23日撮影。第五軍の戦車隊長時代。向かって左はアルベール・ルブラン大統領

から解き放たれんことを！」。新著で、彼は新たな教義を提唱するのではなく、流動的な現実への適応の必要性を唱えた。しかるに、第一次大戦以来、それ以上に終戦後一五年を経て、ある現実が支配的となっていた。「いまや我々の運命を手にしているのは、機械である。（中略）機械はすべての分野において、現代人の生活を支配している」。それに従って、軍も変革されなければならない。「精鋭部隊」と「専門家集団」の時代が来たのである。兵士の質が、数よりも重要となる。技術を使いこなすことができるのは、習得のために時間をかけることができる者だけである。

技術の進展により生まれた兵器の中で、ドゴールが最も重視したのが攻撃用の戦車である。「突如として、発動機は装甲を施された。キャタピラーにより前進し、機関砲と大砲を装備し、戦車は第一線を進んで斜面や溝を越え、塹壕と交通壕を圧し潰す」。

次の点は明白である。「戦車は、戦術を一変させた」。高速（最高時速四〇キロ）で、意表を突く行動が可能で、前進しながら砲撃し、方向転換ができる戦車は、「軍事行動において最重要な要素であり、必然的に精鋭の部隊と化すことになる」。ポール・ヴァレリーを引用して、著者は「班に分かれた選ばれた少数の人々が実行する、即刻または最大でも一時間で、予測不能な場所で、圧倒的な力を示すことのできる計画」の役割を称揚した。いかなる時にも行動の準備ができており、あらゆる機会に出動し、

「平和な状態から、いきなり戦争に移行しなくてはならない」。

この著作の第二部で、ドゴールはこの職業軍の技術的側面をめぐり、論を展開する。六個師団の創設、各師団、各旅団の編制について詳述する。六年間軍に在籍予定の兵士一〇万人を入隊させる。平均で、年に志願兵一万五〇〇〇人である。若く、家族を心配する必要がない独身者で、挑戦する意欲のある兵士たちである。職業軍は、この兵士たちに「軍人精神」を教えこむ。それと併せて植えつけなくてはいけないのが、集団意識である。はっきりとした特徴を備えた、本格的な連隊が持つ儀礼と象徴、部隊を表す徽章とパレードが、「集団的共感」を生むのである。彼は、軍に魂を与える「軍人精神涵養の方針」について記す。「高い技術と優れた組織を得ることで、軍の名誉である技法と有効性がどこまでの成果をもたらすか、見てみようではないか」。

このような機械化された軍は、攻勢に適している。破壊と意気阻喪をもたらす侵略を避けるには、国境線の向こう側に不安を作り出すことが必要となる。意表を突く作戦の展開は、相手を騙すことでもある。「策略は、実際の居場所とは違う場所にいると思わせ、こちらが望んでいないことを望んでいると思わせるために用いられなければならない」。戦車部隊の後方で、歩兵部隊はやはり機動力のある砲兵隊の支援を受けて、奪取した地域を確保する。航空機は、情報収集を役割とする。この機動戦においては、指揮官の性格があぶりだされる。自律的な行動が原則となる軍部隊においては、指揮官は個人としていくつもの決断を行なわなくてはならない。指揮官は、あらかじめ定められた方針ではなく、自分自身で想像力を働かせ、判断し、決定を行なわなくてはならない。

エミール・メイエール

そして、ドゴールはこう断言する。「指揮を学ぶためには、一般教養が必要となる」。彼は教養の重要性を確信し、ずっと持ち続け、それについて非常に適切な言葉を残した。

「アレクサンドロス大王の勝利の陰には、常にアリストテレスがいた」。

著書の最後で、ドゴールはこの職業軍を創設し、求められる新たな精神を生み出すには「統率者」が必要だと書く。この人物は国家のためだけに働き、偏見がなく、特定グループの利害には無関心である。軍と一体化したこの指導者は、「指揮する兵士たちのことを考え、責任をすべて引き受けようとする。指導力を発揮でき、人々を惹きつける能力があり、偉大な成果をもたらす力量を持つ。大臣であれ、軍人であれ、政治家であれ、祖国はこのような人物に新たな軍の組織づくりを委ねるのである」。

彼の思想形成に関して、しばしばエミール・メイエールの名前が語られる。理工科学校（ポリテクニク）の卒業生で、退役陸軍大佐であるメイエールは、やはり型にはまらない人物で、ドゴールは彼のサロンによく出入りしていた。メイエールは、筆名を用いてスイスの雑誌に作戦思想についての論文を複数寄稿したために、不遇な時期を過ごした。

第一次大戦以前に、彼は陸軍大学校の理論に反対し、当時唱えられていた攻勢一辺倒の考え方を批判し、塹壕戦を予測し、一九一七年には多数の戦死者を出したニヴェル将軍の攻勢に異論を差し挟んだ。戦後、退役しても軍事に関わる問題に強い関心を持ち続けたメイエールは、毎週日曜日、パリのボーセジュール大通りの娘婿の家に、あらゆる世代の人々を招いていた。作家もいれば、知識人、政治家など、彼を尊敬するさまざまな傾向の人々が集まった。ドゴール大佐も、そのうちの一人だった。

彼はほとんど口を開かなかったが、注意深く会話に耳を傾けた。ボーセジュール大通りの日曜日以外にも、ドゴールと彼より四〇歳も年長のメイエール大佐が紡いだ関係は、非常に重要なものだと言われた。しかし、二人の考え方がすべてにおいて近かったわけではない。ドゴールは、メイエールの前で、戦車を中心とした軍についての主張を述べたことがあった。一方、メイエールは未来の戦争においては航空機、特に化学兵器の投下が重要になると見ていた。

しかし、二人はともに、技術革新が当時の軍事教育に大きな変化をもたらすと考えていた。職業軍という案は、共和主義者のメイエールに嫌悪の念を起こさせたが、彼は『職業軍をめざして』を読み、その内容に賛同した。ドゴールが政治家たち、下院議員フィリップ・セール、レオン・ブルム、そして特にポール・レイノー（一八七八－一九六六年。政治家。穏健右派で、法相、財務相など歴任。対独戦争中の一九四〇年三月首相。ドゴールを閣外相に起用するが、同年六月一六日に辞任し、ペタンが後任首相となる。戦後、ドゴールの主張する大統領直接選挙制に反対）にこの計画を説明できたのは、メイエールのおかげである。

ポール・レイノー

レイノーは、ドゴールの言葉に注意深く聞き入り、やがて一九四〇年には彼を陸軍担当閣外相として、自分の内閣に起用することになる。

ドゴール中佐の著書に対して、メディアはむしろ好意的だった。ル・タン、レコー・ド・パリ、ロルドル、ローブ、アクシオン・フランセーズの各紙は、好意的な書評を掲載した。

しかし、軍の評価は違った。特に、かつてドゴールの庇護者であったフィリップ・ペタンは、ルヴュー・デ・ドゥー・モンド（両世界評論）誌への寄稿で、反対意見を明らかにした。ヴェイガン将軍、ガムラン将軍、さらに陸軍大臣のモーラン将軍も同様だった。しかしながら、ドゴールの理論に強い関心を示し、彼をよく知りたいと考えたポール・レイノーとの関係は、その後深まることになる。レイノーの紹介で、ドゴールは後に彼の忠実な部下となるガストン・パレフスキ（一九〇一－八四年。一九四〇年に自由フランスに参加。戦後ドゴール政権下で科学研究相、憲法評議会議長を務める）と知り合った。とはいえ、こうした支援は、当時の参謀本部や政府を説得するには十分ではなかった。そして一九三九－四〇年の奇妙な戦争は、すべての点においてドゴールが正しかったことを示すことになる。彼がレイノーに宛てた一九三九年一〇月二二日付の手紙は、未来を予測するかのような内容であった。

> 我が軍の編制は、防御のみを考えて構築されています。もし敵軍が明日攻撃をしかけてくるなら、我々は抵抗できるものと信じます。しかし、もし敵が攻撃してこなければ、我々はほとんど無力です。しかるに、私の見るところ、敵は当分の間は攻撃をしかけないでしょう。敵にとっては、動員

されたものの、自分から動こうとしない我が軍を「不安に陥れ」、その間に他の地域で作戦行動を実施するのが有利なのです。そして、我々が待ちくたびれて、方向を見失い、自らの無気力にうんざりした頃を見計らって、精神的、物質的両面において、手にしているすべてのカードを用いて、我々に対する攻勢を開始するでしょう。

ナショナリスト

「ああ、偉大なる国民よ。手本となるため、大きな仕事を成し遂げるため、戦うために生まれた国民は、暴君としてであれ、犠牲者としてであれ、勇者としてであれ、歴史の中で常に中心に位置し、その精髄は時に注意を欠き、時には恐ろしいが、軍という鏡にそのまま映し出される」。これは、ドゴール大佐が一九三八年に出版した『フランスとその軍隊』の結びの言葉である。この一節は著者の祖国への深い愛着を表わすと同時に、フランスと軍の間に存在すべきだと彼が考える有機的な結合を示している。

『フランスとその軍隊』

この歴史書には、それ自身の歴史があった。陸軍大学校で教官を務めていたドゴールは、庇護者であるペタンよりある本の執筆を依頼された。その本は、ペタンの著書として、『兵士』の題名で刊行される予定だった。

一九二七年の末、原稿はほぼ完成し、間もなくペタンの手に渡された。転任によりトリーアに着任したドゴール少佐は、元帥が手直しさせる目的で、彼の原稿をやはり部下の一人であるオードレ大佐に手交したことを知った。ドゴールは、オードレに抗議した。「もし私のアイデアと、哲学と、文体をこねくりまわそうというのであれば、私は反対であり、元帥にそう伝えるつもりです」。「ゴーストライター」は抵抗した。これは個人としての仕事であり、他の部下の「協力」を容認するわけにはいかない。さらに、彼はいくらか傲慢に、ペタンに遠慮なくこう書いた。「世界中がペタン元帥の行動と思考にどれだけの価値があるか知っていますが、また一〇〇〇人の情報通が元帥が執筆を好まないと知ってもいます。出されるであろう質問にあらかじめ回答し、意地の悪い人々に口を閉ざさせ、そして何よりも公正であるために、元帥殿が序文かはしがきを書かれて、その中で小官が本書に協力したと明示されることが必要と存じます。そうすれば、文筆の分野においても、またその他の分野においても、この賢明な度量の広さにより、元帥殿の栄光のすべてを揺るぎなきものにすると思料する次第です」。

当時、アカデミー・フランセーズ会員に立候補していたペタンが、これを読んで憤ったことは想像に難くない。『兵士』の草稿は、一〇年近くにわたり、引き出しで眠ることになる。両者が完全に袂を分かった後に、ドゴールは刊行を決意した。彼は校正の段階でペタンに出版を予告し、この本が元帥の発案により書かれた旨を記した序文を寄せていただけないかと提案した。ペタンは気を悪くするが、結局はこの本が彼に捧げられることを受け入れ、ドゴールの要望に沿い、彼が案を書いた献呈文を「地味」だとして、以下の修正文を送った。「本書の執筆を望み、最初の五章について指導と助言を与え、最後の二章が扱う我らの勝利の歴史を作ったペタン元帥に捧げる」。一九四〇年以前に、ドゴールとペタンは、もはや協力しあう関係ではなくなっていた。

一九三八年にプロン社から出版され、誇り高い文体で書かれた『フランスとその軍隊』は、シャル ル・ドゴールの著作のうちで、最初にベストセラーになった作品である。この著書は、書評でおおむね高い評価を得た。この本が出たのは、ミュンヘン協定〔一九三八年九月、英国とフランスがチェコスロヴァキアのズデーテン地方に関するドイツの要求を認めた協定。英仏独伊の首脳がミュンヘンに集まって会談したためにこの名がある〕が締結された暗い時期に当たっていた。一〇月六日、彼はメスから妻にこう書き送った。「フランスは、もはや大国ではなくなった」。この、全般として栄光に満ちたフランス軍の歴史を読むと、屈辱への慰めのように作用したのだった。

この著書と、それ以前の三冊、さらに彼が行なった講演の記録と書簡を見ると、未来のドゴール将軍の政治思想を窺うことができる。「ナショナリスト」という言葉は、彼自身は嫌っていたものの、彼にむしろふさわしい。はるか後年、一九六二年に、彼はアラン・ペルフィット〔一九二五―九九年。政治家。ドゴール側近の一人で、情報相、教育相などを歴任。ドゴールに関する著書がある〕との会話で、こう述べている。「ナショナリズムというのは、自らの国民を称揚し、それによって他の国民を貶めるものです。ナショナリズムとは、エゴイズムなのです。我々が望むのは、あらゆる国民が、国民意識を明確にすることなのです」。そうではあるが、この単語にはいくつもの意味がある。一九世紀末に出現したフランスのナショナリズムはきわめて政治的であり、議会制共和国への反対を志向していた。外国人排斥と反ユダヤ主義に深く染まったこのナショナリズムは、現体制を転覆し、これに代えて君主制ないしは共和制——それは、団体の志向性によって異なった——の強権的な体制樹立をめざすリーグ〔右翼系の政治団体。直接行動を重視する特徴がある〕に影響を与えていた。

シャルル・ドゴールもまた反議会主義であり、実際に統治する政府に奉仕したいと希望していたが、それでも彼が一定の敬意を払っていたポール・デルレード〔一八四六—一九一四年。政治家、文学者。ナショナリストで、一八八二年に愛国者連盟を設立。一八九九年に軍を動かしてエリゼ宮を占拠しようと試みて失敗、追放刑となる〕のように、反乱を起こす意図を持つことはなかった。

実践カトリック教徒で、王党派に近く、非常に右寄りの家庭に生まれたドゴールは「理性による」共和派であり、そうであり続けた。彼の父が、「哀惜による王党派」だと称していたように。彼は、ペルフィットにこう明言した。「私が共和国を好むのは、それが共和国だからではありません。しかし、フランス国民が共和国に愛着を持っている以上、それ以外の選択肢はあり得ないとずっと考えてきたのです」。恐らく、彼はベル・エポック期のナショナリズムの旗手であるバレス〔モーリス・バレス（一八六二—一九二三年）は作家、政治家。ナショナリストで反ユダヤ主義者〕とモーラス〔シャルル・モーラス（一八六八—一九五二年）はジャーナリスト、詩人。アクシオン・フランセーズの指導者。一九四五年に、対独協力のかどで終身刑を宣告される〕を読んでいただろう。

だがしかし、彼はそこから取り入れたものもあれば、取り入れなかったものもある。バレスとは異なり、彼は反ユダヤ主義とは無縁である。モーラスとは異なり、彼の歴史観には、カルノー〔ラザール・カルノー(一七五三―一八二三年)はフランス革命期の政治家、軍人。軍の改革を行ない、「勝利の組織者」と呼ばれた〕や、オッシュを模範とする若き将軍たちを称賛する革命期の偉大な軍が含まれる。彼はむしろ、ペギー〔シャルル・ペギー(一八七三―一九一四年)は詩人、思想家。ドレフュス事件でドレフュス派であった後、カトリックに帰依。第一次大戦で戦死〕の思想の影響を受けたかもしれない。ナショナリストとなったペギーではあるが、彼はより混合主義的で、より霊的で、より普遍主義的な感覚を持っていた。ドゴールは、アガトン〔アンリ・マシスとアルフレッド・ド・タルドの共同筆名〕が一九一二年の調査「こんにちの若者」で描いた人々の世代に属している。それは、唯物主義の残骸の上に、平和主義に反対し、愛国主義とカトリシズムとともにあって、スポーツと軍務への関心を取り戻した新しい流れの中にある人々である。『フランスとその軍隊』で、ドゴールは「フランスの精神生活を刷新するブトルー〔エミール・ブトルー(一八四五―一九二一年)はフランス・スピリチュアリスムの系譜の哲学者〕とベルクソンのような人物の登場、ペギーが及ぼす知られざる影響、収穫期が近いと感じる青年たちの早熟、文学においてはえり抜き(エリート)の人々に祖先への愛着を通じて、国は永遠であるとの意識を植えつけるバレスの作品(後略)」に言及した。

しかし、ドゴールが自国民を称揚し、他国民を貶めるナショナリズムを忌避するとしても、フランスにはあるミッションが与えられていると考えていたことには疑問の余地がない。「(フランスは)模範となるために生まれ、歴史の中で常に先頭に位置する」のである。国防高等評議会に勤務した折に作成し、一九九〇年に公開されるまで知られていなかった、紛争が起きた場合のフランスの戦争目的に関する文書は、このナショナリズムが盲目的愛国心（ショーヴィニスム）と無縁でないことを明らかにしている。だが、注目すべきは、このとび抜けて野心的な文書（特に、「我が国に対する潜在的脅威となっているいくつかの国家の政治体制（ボルシェヴィズム、ファシズム等）の廃止」について検討している）が、同時に「適切に組織された万国の集合体である国際機関」の設立を唱えていることだ。この国際機関は「監視機能と独自の軍事力を有し、加盟国に可能な範囲で最大の潜在的な安全を保障する」ものだという。この集団的安全保障の考え方は、「国民的」右派のそれよりは、社会党に近いものだった。

『職業軍をめざして』の著者は、自らの考えをさらに推し進め、実現に漕ぎつけるために、すべての重要人物に会おうと試みた。結局、彼の意見に耳を傾け、支援したのは右派の議員で、穏健共和派のポール・レイノーだったが、ドゴールは躊躇なく社会党のレオン・ブルムと急進党のエドゥアール・ダラディエにも自説を展開した。彼はキリスト教民主主義系のローブ紙に寄稿して理論を説明したほか、一九四〇年には左派カトリックの雑誌タン・プレザンの友の会にも入会した。彼の政治的立場は、これに近い議員や理論家がいないために位置づけが困難であるが、彼は主張が目立たず、政治的に弱小な反ミュンヘン協定の右派だと見ることができるだろう。ミュンヘン協定締結時に、彼は妻にこう書いた。「いつものように、我々は戦うことなくドイツの過度な要求に屈して、共通の敵にチェコを引き渡してしまうのです。このところ、フランスの新聞雑誌には、ドイツとイタリアからの資金が潤沢に流れています。特に、〝国民派〟とされる新聞・雑誌（ル・ジュール、グランゴワール、ル・ジュルナル、ル・マタン等）

が、哀れな国民にあきらめるよう説得し、戦争のイメージを使って恐怖に陥れようとしたのです」。

シャルル・ドゴールの政治思想は、一つの概念をその中心に置いていた。国土全体の防衛と、国民の一致団結である。それを保障するのが、軍である。政治体制の種類は、国家防衛の義務を十分に意識してさえいれば、二義的である。前提となるのは、新たな状況、特に機械化部隊を将来の戦闘の中心に置く技術革新への対応である。右であれ左であれ、社会全般を支配する平和主義に抗して、彼は戦争の可能性を排除せず、ドイツの脅威は明白だと見ていた。彼は一見非政治的だとも言えるが、完全に軍事的に見えるその主張は、基本的に政治的である。来るべき世界大戦が、それを証明することになる。

第一次大戦と一九三九年に始まる次の紛争との間で、ドゴールは自らの信念に基づいて、いくつかの考えを成熟させた。経験と、読書と、歴史的知識によって強化された人格により、彼は軍人であれ、そうでない者であれ、他のフランス人とは異なっていた。

彼は、陸軍大学校の紋切り型の考え方を否認した。彼は、軍に新たな戦略を採用させようと努めた。彼は支配的であった平和主義とは距離を置き、戦争はいつでも起こり得ると考えた。彼は性格ゆえに、型にはまらない傾向を強めた。

ドゴールはまだ歴史的な人物になってはいなかったが、疑いなくそうなる望みを抱いており、一九一八年のドイツの敗北以降、戦争に関する諸事象について思索を開始して、機械化された新しい軍隊の必要性を確信するに至っていた。ミュンヘンの降伏〔ミュンヘン協定で、フランスが英国とともに、ドイツの要求を認めたことを指す〕の直後には、彼は怒りをこらえた。彼は、軍人精神により教育された。政治意識を、彼は獲得した。フランスを、救わなければならないのである。

3. 自由フランスをつくる——第二次大戦

1941年、ドゴール(左側)。右側は自由フランス軍のカトルー将軍

降伏の拒絶　ー　独立と団結

「フランスの抵抗（レジスタンス）の火は消えてはならず、また消えることはありません」

『演説とメッセージ』

戦争はドゴールの意表を突きはしなかったが、それでも彼はひどく悔しがった。参謀本部の軍事思想は、一向に変わっていなかった。マジノ線〔フランスが第二次大戦以前にドイツとの国境線に沿って建設した要塞群。建設開始時の陸軍大臣アンドレ・マジノの名を取ってこう呼ばれる〕がその実現の手段であり、象徴だった。マジノ線をあたかも越えられない要塞であるかのように見なして、軍がその後ろに構えている時、ヒトラーはフランスの同盟国ポーランドを侵略していた。こうして、ミュンヘンの精神、すなわち戦争を拒否する論理に従って、「奇妙な戦争」が始まった。

軍は国境にとどまり、足踏みし、そこには有害な無為の中にあって、部隊の士気が沈滞する危険を伴った。ジャン゠ポール・サルトルは、『奇妙な戦争――戦中日記』の一一月二六日の項に、次のように記した。「私と一緒に出征した男たちは全員、最初は元気いっぱいだった」。彼はまた、皆が戦争は六年は続くだろうと言っていた、とも書いている。一九一四年に言われていた、「軍隊の散歩」の幻想に陥りたくなかったからだ。そして、時は過ぎ、何も起こらない。「彼らは退屈で、窒息しそうになった」。

アルザス地方のヴァンゲンブールに駐屯する第五軍の戦車部隊の司令官代理に任命されたドゴールは、

何も動かないことに不満を募らせた。ポーランドに対するドイツの勝利は、彼の「機械化部隊」に対する確信を深めさせ、フランス政府当局の無理解を嘆いた。

レオン・ブルムは、一九四〇年一月中旬に、財務大臣ポール・レイノーの私邸であった夕食会後の出来事について書いている。やはりこの夕食会に招かれていたドゴール大佐は、通りに出たところでブルムを呼び止めた。「私の指揮下に置かれた何十両かの戦車は、塵ほどのものでしかありません（中略）。ポーランドの教訓は非常に明確であるにもかかわらず、思い込みだとして否定されたのではないかと心配しています。誰も、向こうで成功したことが、ここで実現可能であってほしくないのです。（中略）遅くなりすぎないうちに行動しなければ、我々はこの戦争で惨めな敗北を喫するでしょう。我々は、自らの過ちによって敗北するのです」。

それから間もなく、レオン・ブルムはドゴール大佐から「機械化部隊の登場」と題する論文を受け取った。この論文は、一九四〇年一月二六日に、さまざまな分野の有力な人物八〇人に同時に送付されていた。その中には首相のエドゥアール・ダラディエ、ガムランとヴェイガンの両将軍、大臣のポール・レイノーが含まれた。ドゴールは『職業軍をめざして』で説いた理論を展開したが、それにポーランドの戦いの情報も加えてアップデートされた内容となっていた。彼は、「機動力と、意表を突く行動と、突然の侵入がその特徴であり、特にその規模とスピードから、過去の最も電撃的な軍事行動をはるかに上回る」紛争を予測した。「この新たな攻撃力の猛威は、すでにいくつもの兆候から窺うことができる」。またしても、彼の声は届かなかった。彼は、手紙の中で、物事が動かないことに対する怒りをぶちまけた。「動かないのなら、敗北するしかない」。

五月三日付のポール・レイノーへの書簡では、彼は現代の戦闘は機械化部隊なしには成り立たず、またその実力に応じて結果が得られると主張し、ポーランドとノルウェーの戦いがその証拠となっていると訴えた。「ところが、フランス軍は組織設計、編制、装備、指揮のすべてにおいて、近代戦の原理とは正反対の原理で構想されています。軍を、徹底的に改革することほどに絶対的で、緊急の課題はありません」。

その間の三月二一日には、ダラディエは議会で支持を失い、わずか一票差で信任を得たレイノーに首相の座を譲っていた。新首相との関係から、防御一辺倒の参謀本部の戦略を変更させる機会が、これまでカッサンドラ（不幸の預言者）の役まわりだったドゴールに訪れたかに思われた。

降伏の拒絶

レイノーには戦う決意があり、ドゴールは彼の依頼を受けて信任投票に際しての所信表明演説の原稿を作成したが、それでもわずか一票差で信任された内閣の基盤の弱さは如何ともしがたかった。彼は暗い気持ちで下院本会議を傍聴し、議場に漂う敗北主義的な空気を感じ取った。実のところ、議員たちの

1940年、当時の内閣とドゴール。6月6日、国防担当閣外相に任命された。

多数は、大半の報道機関の支援も受けて、宣戦布告すべきではなかったこの戦争を終結させたいと望んでいた。レイノーが任命した閣僚たちは、早期の和平を待望していた。ドゴールは前線に送られて、師団長代行として第四機甲師団を立ち上げる任務に就いた。五月一〇日にドイツ軍が攻勢を開始すると、事態は一気に動いた。

空軍の援護を受けたドイツ軍の装甲師団はアルデンヌを越えて、仏英連合軍を北部へと押し戻し、パリに向けて進撃した。

マジノ線は、幻想でしかなかった。まだ編制が完了していない第四機甲師団を指揮するドゴールは、五月一七日、戦車隊をモンコルネに派遣し、ドイツ軍の戦車部隊の前進を阻んだ。この時の体験は、精鋭の機械化部隊が存在したならば得られたであろう成果を示すために、『大戦回顧録』に書きとめられた。

時すでに遅し、だったのだろうか。五月二五日に暫定的に准将に昇進したドゴールは、六月六日にレイノーに呼び戻され、国防担当閣外相に任命された。しかし、ガムランに代わって軍最高司令官に就任したヴェイガンと、かつてのお気に入りを世間知らずだと考えるペタン〔五月一八日、レイノー内閣副首相に就任〕は、軍事問題が議論される際の閣議への彼の出席を禁じた。それでも、ドゴールは六月七日、レイノーに「レデュイ・ブルトン」〔フランス北西部の半島であるブルターニュ地方に政府の本拠を置き、戦争を継続するとの案〕の構築を進言した。ここから政府は侵略者に対する戦いを指導し、その後北アフリカ、さらにはそれ以外の植民地に移転するとの計画である。最初になすべきは、明らかに敗北主義的な最高司令官ヴェイガンを交代させることだ。しかし、側近たちから自由になれないレイノーは、何とかして閣僚たちを一致団結させようと努めるあまり（「私には、フランスを二つに分けるつもりはない！」）、行動には移らなかった。

六月九日、レイノーの指示で、ドゴールはロンドンに飛んだ。英政府に、大陸の英軍の強化を要請するのがその任務である。英陸軍省は、四個師団の派遣を約束した。ドゴールは、五月一〇日にチェンバレンに代わって首相となっていたチャーチルとの面会を取りつけた。彼が会った英首相は戦争の継続を決意していたが、フランス軍が反攻に出る力を持っているかどうかについては非常に懐疑的だった。この最初の出会いから、ドゴールはチャーチルの強靭な性質を評価し、英首相は、フランス政府内で占めているポストゆえに、ドゴールには正統性があると認めた。「このポストに任命されていなかったら、それ以降何ごとも可能にはならなかったのではないでしょうか」と、モーリス・シューマン（一九一一―九八年。ジャーナリスト、政治家。一九四〇年に自由フランスに加わり、ロンドンからフランス向けラジオ放送を行なった）は後に語っている。

六月一四日、ドイツ軍はヴェイガンの要請により無防備都市を宣言したパリに入城した。

この月の一〇日、政府はパリを離れてロワール河へと向かい、城から城へと移動して、次々と閣議を開いた。ブリアールで開催された連合軍最高会議にはチャーチルが出席し、ドゴールもそこにいた。

しかし、一二日には、ドゴールはシセイ城でレイノーから、ドゴールが出席を求められなかったカンジェ城での閣議の際に、ペタンとヴェイガンが早期の休戦協定締結に積極的な発言をしたと聞かされた。

一三日には、政府はドゴールが希望していたブルターニュ地方のカンペールではなく、ボルドーへと向かった。ヴェイガンとペタンは、英国側に休戦について問いかけを行なうよう、レイノーを説得した。「個別停戦を受け入れないとする一九四〇年三月二八日の合意にもかかわらず、英国はフランスが敵国に対して、フランスに関する休戦条件を照会することを了承するか」。

1940年6月、ロンドンに到着したドゴール。

ボルドーで、レイノーは北アフリカで戦争を継続するとドゴールに請け合い、その旨をチャーチルに伝達して、可能な限りのフランス軍部隊を輸送するための協力を英側に要請するべく、ドゴールがすぐにロンドンに向かえるよう準備した。利用可能な飛行機がないため、ドゴールは陸路ブレストへと赴き、そこから海路プリマスに向かった。ロンドンに到着したのは、一六日の明け方である。駐英大使シャルル・コルバンと、仏英軍需品調達事務局長ジャン・モネは、英外務省とともに練り上げた計画を彼に説明した。フランスと英国を一つの政府のもとに統一し、両国の軍事力とリソースのすべてを一つにするというものだ。チャーチルは、この案に同意していた。

ドゴールは、英首相が用意した飛行機でボルドーに戻った。しかし、夕刻に飛行場に降りると、レイノーが首相を辞任し、ペタンが後任に任命されたことを知った。その直後の閣議は、英仏連合を葬り去った。その数時間後、ペタンはスペインを通じてヒトラーに休戦を申し入れた。

翌六月一七日、レイノーは将軍が再び英国に赴き、そこで戦いを継続しようと計画しているのを知った。彼は英国に渡る意思はなかったが、機密費から一〇万フランをドゴールに届けさせた。その日の朝、ドゴールはレイノー内閣に対する英首相の個人代表を務めていたエドワード・スピアーズが前日に用意した小型機にともに乗り込んだ。彼は、『大戦回顧録』に次のように書いた。「私の姿は、ただ一人で何も持たずに、大洋を前にしてこれを泳いで横断しようとしている一人の人間のように、自らの目に映ったのであった」。

彼はまだ、自分が何をするのか、自分がどうなるのか、服従を拒否するとの意志を貫くために誰の支援を得られるのか知らなかった。それでも、彼は何を望まないかだけはわかっていた。それは、準備が進行中の休戦協定を受け入れることである。スピアーズの案内でダウニング通りを訪問すると、チャーチルは彼を大歓迎した。初対面以来、葉巻をくわえた老ライオンとひときわ長身の将軍は、互いに敬意を払っていた。

英首相は、海峡の向こう側からやってきたこの「若く、エネルギーにあふれた」軍人が、味方であることを理解した。フランスの将軍は、英首相がヒトラーと戦う強い決意を持っていると確信していた。

フランスでは、ペタン元帥がラジオを通じて、恥ずべき命令を発していた。「胸が締めつけられる思いで、私は本日、諸君に申し上げる。戦闘を停止しなければならない」。この時、休戦協定はまだ締結されていなかった。ドゴールは即座に、ＢＢＣの電波で、翌日に演説を行なおうと決心した。彼にとって、それは「フランスの名誉を救う」ためであった。

翌一八日の朝、彼は呼びかけの原稿を書き上げた。しかし、これは英当局から拒否された。休戦条件が判明していない段階では、ボルドー政府との関係を絶つべきではないと英側は考えたからだ。

最も重要視されたのが、フランス海軍の取り扱いである。艦隊が、ドイツ側の手に渡ってはならなかった。それでも、結局、スピアーズはドゴールにラジオで演説させるよう、チャーチルを説得した。呼びかけは、こうして一八日午後一〇時に、短波、中波と長波で放送された。後に『演説とメッセージ』に採録された演説原稿は、英戦時内閣に一旦拒否され、その後チャーチルが許可を与えた原稿とはいくらか異なる。彼はフランス政府に対する非難を和らげて、「我が軍の敗北を理由に、戦闘を停止すべく敵方と連絡を取った」とある部分を、ペタンが何らかの反応を示す希望を残すべく、「フランス政府は敵に対して、戦闘停止の条件を照会しました。名誉に反する条件が示された場合には、政府は戦いを継続しなくてはならないと宣言しました」と改めなければならなかった。しかしながら、いずれのヴァージョンも、同じスローガンで締めくくられている。

「フランスの抵抗（レジスタンス）の火は消えてはならず、また消えることはありません」。

レジスタンス！　この言葉が発された。翌一九日、彼はさらに語気を強めて、「敵に隷属するに至った」政府を非難し、「フランスの名において」アフリカ駐留軍に休戦を拒否するよう呼びかけようとした。しかし、英外務省は彼の演説を拒否した。英外交当局は依然として、フランス艦隊をドイツ側の手の届かないところに置くようフランス政府と交渉する希望を持ち続けていた。一方で、ペタン内閣は、ドゴールに即刻フランスに帰国するよう命じた。

彼はじっと我慢した。二二日、休戦協定がルトンド〔パリ北方約八〇キロのコンピエーニュの森の中。第一次大戦の休戦協定が締結されたのと同じ、第一次大戦時の連合軍総司令官フォッシュの専用鉄道車両内で行なわれた〕で締結された。その日の夕刻、ドゴールはロンドンのラジオで演説する許可を得た。その直前に、チャーチルはBBC放送で、同盟国フランスが受け入れがたい条件で休戦協定に署名したと非難していた。六月二六日まで毎晩、ドゴールはフランス国民に向けた呼びかけを繰り返した。それによって、彼は規律違反を理由に、軍を退役処分となった。

BBC 放送で演説するドゴール

ペタンもまたラジオを用いて自らの政策を説明し、チャーチルの非難を退けた。「フランス国民は、無益な言葉と非現実的な計画を提示するよりも、敗北を受け入れることによって確実に偉大さを示すことができるのです」。老元帥は、敗戦の理由を次のように説明した。それは、「フランス国民がだらしなくなった」ため、「犠牲を厭わぬ精神が作り上げたものを享楽的な精神が破壊したため」であるという。彼はモラルを説き、「新秩序」の到来を予告したが、元国防相としてペタン自身が負うべき責任については一切触れなかった〔ペタンは一九三四年のドゥーメルグ内閣で陸軍大臣を務めた〕。

翌六月二六日、ドゴールは反撃した。防衛システムの欠陥についてのペタンの責任を数え上げた後、彼はこう非難した。「ああ、このような隷属を作り出し、受け入れるためには、元帥殿、ヴェルダンの勝者は必要ではなかったのです。これは、誰にでもできたことなのです」。そしてさらに続けた。「もう一つの道が開かれています。それは、勇気の道です。フランスは再び立ち上がります。しかし、それはドイツの長靴のもとでも、イタリアのハイヒールのもとでもありません。フランスは自由とともに、再び立ち上がります。勝利によって、再び立ち上がるのです」。ほぼ無名の陸軍准将による、名声を誇る元帥への反論は、不服従の行為以上のものであった。これは、公式政府に対しての弾劾行為であり、革命的行為であった。八月三日、彼は欠席裁判で死刑を宣告される。

当時のシャルル・ドゴールは、どのような人物だったのだろうか。

一九四二年一〇月に、彼はルーズヴェルトへの書簡でこう書いた。「私は政治家ではありませんでした。これまでの人生では、私は専門領域の内部にとどまっていました。（中略）私が初めに祖国に対しての呼びかけを行なったのは、軍事的な面からでした」。

彼の政治との関わりは、必要に迫られてのものだった。ペタンとの対立が始まった一九四〇年には、彼は国防担当閣外相だった。レイノーに代わってペタンが首相になると、彼は普通の軍人に戻った。しかし、彼は他の軍人とは異なり、反抗的だった。成立するや否やヒトラーに休戦条件を照会した新内閣に反対する彼は、不服従の行為によって政府と絶縁した。

ロンドンでは、彼はすぐに六月一八日の抵抗の呼びかけに応じた人々の指導者になったわけではない。

彼はまず、レジスタンスの伝令、スポークスマン、象徴となった。彼は昇進したばかりの将軍にすぎず、それも「暫定的」にであった。彼の政治経歴は、一一日間閣外相を、それも遭難寸前の内閣で務めたにとどまった。誰が彼を知っていただろうか。戦前に出版された著書は、限定的にしか流通しなかった。最初からカルノーの役割を演じられるとは、彼は考えていなかった。著名な政治家がロンドンに渡り、抵抗を指導する政府を樹立するものと期待した。チャーチルと英内閣もその希望を持ったが、現実を認めざるを得なくなる。ドゴール将軍はたった一人で、無名の志願兵たちに取り巻かれているだけだった。ロンドン駐在の外交官たちは、ポール・モラン〔一八八八―一九七六年。外交官、作家。戦前、モダニズム作家として知られる。第二次大戦中はヴィシー政権に協力し、駐ルーマニア大使、駐スイス大使を務めた〕をはじめとして、フランスへの帰国を選択した。

六月二三日、ドゴールは「フランス国民委員会」の結成をチャーチルに提案した。この委員会には、アンドレ・モーロワ〔一八八五―一九六七年。作家、エッセイスト。第二次大戦中は米国に亡命〕やアンリ・ド・ケリリス〔一八八九―一九五八年。ジャーナリスト、政治家。当初ドゴールを支持するが、その後反ドゴールに転ずる〕といった「代表的な人物」が名を連ねる計画だった。彼はポール・レイノーの合流を期待したが、ペタンから駐米大使に任命されたレイノーはこれに応えなかった。そこで英首相は、この無名ではあるが堂々とした将軍に承認を与えようと決心した。彼は、ドゴールの信念と、熱意

戦時中のチャーチルとドゴール

と、人々を導く能力を評価していた。

六月二八日、チャーチル内閣はシャルル・ドゴールを「居場所を問わず、全自由フランス国民の指導者」として承認した。同じ日の晩にBBCが伝えたこの決定は非常に重要な結果を生んだ。というのは、この若い将軍に、降伏を拒絶し英国とともに戦いを継続し、あるいは新たに戦いに参加するフランス人の体現者として、政治指導者としての高い地位が認められたからである。ウィンストン・チャーチルの後援を得て、ドゴールという人物は、新たな重要性を帯びたのであった。

同盟国英国による承認――これが、彼の正統性をなす第一の要素である。しかし、彼にはもう一つの要素が必要だった。彼が主権を行使できる領土である。BBCを通じた呼びかけと並行して、彼はなお自由を維持しているフランス植民地の賛同を得ようと努めた。原則として、これらの植民地はフランス政府により統治されていた。しかしながら、すべての総督たち、行政官たち、兵士たち、海外領土の全住民が、降伏した政府の支配下にとどまるかどうかは、明らかではなかった。夏の終わりにドゴールが派遣した五人の人物が、アフリカを巡回して植民地の賛同を得ようとした。

アンドレ・パラン、クロード・エティエ・ド・ボワランベール、ルネ・プレヴェンと、六月二五日にロンドンに到着し、「ルクレール」と名乗るようになったフィリップ・ド・オートクロック大尉〔一九〇二―四七年。陸軍軍人。一九四〇年に自由フランスに参加し、北アフリカで戦う。一九四四年八月二五日、第二機甲師団を率いてパリを解放。同年一一月ストラスブールを解放。一九四七年、アルジェリア視察中に飛行機事故で死亡。没後元帥〕である。少し後には、ラルミナ大佐がこれに加わった。この計画においては、北アフリカが主要な役割を演じるはずであったが、モロッコ総督の実力者ノゲス将軍は様子見を決め込んだ。最初に自由フランスに加わったのは、インドのフランス拠点、タヒチ、ニュー・カレドニア、そして特にチャドであった。後に、ルクレールが率いる部隊はチャドから出発して、リビアに攻勢をかけることになる。

主権行使の拠点を獲得しようとする中で、悲劇が起きた。

一九四〇年九月二五日の、英艦隊によるダカール攻略の失敗である。その数週間前には、メルス・エル・ケビールで、もう一つの悲劇が起きていた。すなわち、二度にわたりフランス軍の兵士と水兵が犠牲となったのである。フランス艦隊がヒトラーの手に渡るのを防ごうと、チャーチルは一九四〇年七月三日に、オラン沖で「カタパルト」作戦を発動した。メルス・エル・ケビール港に停泊していた艦隊を指揮するジャンスル提督に、最後通牒が突きつけられた。それは、英国側につくか、武装解除するか、あるいはアンティル諸島へ赴くかのいずれかを選択せよというものだった。提督がこれを頑なに拒否したため、フランス海軍の主力艦三隻が撃沈され、一五〇〇人近くが戦死した。この報に接したドゴールは、直感的に怒りをあらわにしたが、この作戦がやむを得ざるものであったことは認めなければならなかった。

数日後、彼は演説の中で、これらの艦を「敵の自由に委ねる」わけにはいかなかったと語った。「何があろうとも、偉大な二つの国民をつなぐ絆が断ち切られることはありません」。しかし、ヴィシーでは、メルス・エル・ケビールの痛ましい出来事は、ドゴールを誹謗する人々の彼に対する批判を一層強める結果となった。

チャーチルは、英海軍が自由フランスと協力して実施するダカール攻略作戦の開始について、自らドゴールを説得した。準備が不十分なまま実行に移されたこの作戦では、なおペタンに忠実なフランス軍が頑強な抵抗を見せ、フランス兵同士が戦う結果となった。このため、双方とも二〇〇人近くが戦死した。作戦は失敗に終わり、何よりもドゴール将軍の評価に傷がつくこととなった。この失敗に将軍は深く失望し、「頭を撃ち抜こう」としたとしばしば言われた。しかし、強い精神力の持ち主である彼は、この失敗を自分への懲罰であると見ることを拒否し、運命と向き合った。

秋には、彼はフランス領アフリカを長期間視察してまわった。一九四〇年一〇月八日、彼はカメルーンの首都ドゥアラに降り立ち、ルクレールに迎えられた。彼は初めて群衆から喝采を受け、名前を連呼された。ダカールを忘れるのに格好の機会である。

一〇月中旬には、彼は最初期に自由フランスに賛同したフェリクス・エブエが総督を務めるチャドに飛んだ。フォール＝ラミー（現ンジャメナ）で、彼は長時間ジョルジュ・カトルー将軍（一八七七－一九六九年）陸軍大将。元仏領インドシナ総督。一九四〇年に自由フランスに参加。終戦後駐ソ大使などを務める）と会談した。カトルーは階級ではドゴールより上だったが、それでも彼の指揮下に入った。コンゴのブラザヴィルでは、チャドでと同様に、群衆は彼を凱旋将軍のように迎えた。

一〇月二七日、ドゴールはこの都市できわめて政治的な決定を行なう。帝国防衛評議会の設立である。メンバーには、ラルミナ、エブエ、ミュズリエ（エミール・ミュズリエ（一八八二－一九六五年）は海軍少将。一九四〇年六月に自由フランスに参加、一九四一年末のサン＝ピエール＝エ＝ミクロン解放作戦を指揮。しかし、意見の相違からドゴールと衝突し、距離を置くようになる」、カトルー、カサン、ダルジャンリューらが就任した。この政治組織の設立に合わせて発表された宣言文で、ドゴールは自らの活動について、フランス国民が「自由に(代表を)指名できるようになったなら」、国民の代表に報告すると約束した。それまでの間、彼は委員会の支援のもと、唯一の指導者となるのだ。

一〇月二四日には、ペタン元帥がモントワールでヒトラーと会談し、ドイツとの協力を確固たるものとしていた。ブラザヴィルでの決定は、これへの対抗措置であった。敵の支配下にあるヴィシー政府に対して、自由フランスは植民地を基盤としたもう一つのフランス、もう一つの政府を構成していた。

一一月初め、アフリカにおける領土的な基盤は、ガボンを加えることで拡大した。ルクレールとダルジャンリューはリーブルヴィルに攻撃をしかけ、ポール＝ジャンティとランバレネを奪取した。ここでもまた、フランス兵同士の戦闘が起きた。チャーチルと彼の外交官らを憤らせたのは、そのことではなかった。むしろ、ドゴール独自の行動、帝国防衛委員会の設立などが、なおヴィシーを無用に刺激しまいとする英政府の政策にとって妨げとなると見られたのである。

一一月一七日にロンドンに戻った時、ドゴールが熱烈に歓迎されたとは言えない。それでも、一九四一年にも、ドゴールはヴィシーの監督下にある領土を味方につける努力を継続した。彼は、ドイツ軍が飛行場の利用に関心を示すシリアでの自由フランス軍(FFL)の作戦行動に、英国の協力を求めた。シリアに対する攻撃は、ドゴールがフランスによるシリアとレバノンの信託統治を廃止し、将来の両国の独立を宣言した後に、英軍の指揮下で行なわれた。自由フランスの指導者とカトルー将軍の呼びかけにもかかわらず、一九四一年六月八日の攻勢に対して、ヴィシー軍はダカールでと同様に激しく抵抗した。数週間にわたる凄惨な戦いの末に、シリアとレバノンは、英政府に大きな不満を抱かせながらも、自由フランスの管理下に入った。カトルーが、六月二三日にダマスカスに到着したドゴールにより「レヴァントにおける全権代表」に任命された。

独立と団結

シリアでの悲劇的な出来事は、フランス植民地帝国のうち征服するか味方につけた領土を、何としても自由フランスの管理下に置こうとする強い意志をドゴールが持っていたことを示している。

しかし、英国と、一九四一年末に参戦した米国の目には、これは容易に認められるものではなかった。ペタン将軍は、英国の支援なしには駒を進めることができないと十分に知っていた。シリアの戦いでは、ペタンの支配下にとどまる部隊を相手に、英兵三〇〇〇人が戦死していた。それは、犠牲となった自由フランス軍兵士の三倍に上った。ドゴール以外の人物であれば、英米の要求に従ったことだろう。彼が持っていたのは強い意志と、大胆さと、威圧的な態度と、辛辣な発言であり、それは彼と対話する人々を驚かせた。チャーチルとの連絡担当官を務めたオリヴァー・リトルトンもその一人である。

彼によれば、ドゴールはあたかも同盟国と対等に交渉できるかのような「ふりをした」。ジャン＝ルイ・クレミュー＝ブリヤックは、リトルトンがやや面白おかしく語った次の言葉を引用している。「ドゴール将軍は、どのように英米と交渉すべきかを理解しました。彼は、ちょっとしたことを口実に腹を立てました（中略）。彼は、何ごとも見逃しませんでした。小さなミス、不手際、非礼な行為をあげつらうことに、彼は熱中しました。彼は柔軟な態度や洗練された物腰ではなく、このようにして立場を確保したのです。英米人は喧嘩が大嫌いですし、機転に欠けるとか、思慮が足りない、あるいは不誠実だと批判されるのを好まないので、彼は妥協的な態度によっては決して至ることのできない状況を獲得したのです」。

戦争の全期間を通じて、チャーチルの示す友情を失うリスクを冒し、ルーズヴェルトの敵意をものともせず、彼は頑なに立場を変えず、連合軍がフランス領土に支配の手をのばそうとするのを拒絶した。彼は連合軍側にこう質問した。「我々がフランス本土に上陸した時に、あなた方はフランスを統治するための指揮権を要求しますか」。

ささやかな部隊しか従えていない指導者のこの揺るぎない独立への意志、受け入れがたいほどの非妥協的な考え、場違いな傲慢さと思われるもの、ドゴール将軍の取る態度と要求のすべてが、チャーチルをいらだたせた。英首相は自尊心を傷つけられ、しばしば激怒した。高慢なフランス人と英国貴族の間では心理戦が展開され、激しく口論するかと思えば、和解の場面が見られた。

しかし、首相は密かに自由フランスのリーダーの勇気、威厳、そして愛国心に驚嘆していた――彼の回顧録には、そうしたドゴールの肖像が描かれている。その一方で、彼はドゴールのたび重なる拒絶、とげとげしい態度、英国の主導権に対する敵視に嫌気がさしていた。両者間の協力関係が破綻することはなかったが、しばしば一時中断し、冷却期間が必要となった。

チャーチルがドゴールの英国からの出国を禁じたこともあれば、ラジオ放送を拒絶したこともあった。米国の参戦以来、英首相がルーズヴェルトの方針に同調するケースが増えた。米大統領はチャーチルとは異なり、ドゴールに親近感を覚えたことは一度もなかった。彼にとって、ドゴールは独裁者見習であり、「ファシスト」ですらあった。多くの助言者、特にフランス人が、ルーズヴェルトにドゴールに関しての芳しからぬ情報を提供した。いわく、政治的野心の持ち主である、傲慢きわまりない、専制的で非民主的である、云々。ドゴールにとって最も不利だったのは、英米が彼の力を削ごうとして、一九四二年の北アフリカ上陸、あるいは一九四四年のノルマンディー上陸の計画から彼を遠ざけようとしたことだ。彼はまた、テヘランあるいはヤルタの首脳会談にも招かれなかった。

ドゴールが冷遇されたのは、彼が扱いにくい人物であったからだけではない。それは、連合国のヴィシーとの関係によるものでもあった。英国も米国も、依然として、そして長い間、正式な同盟関係ではなくとも、反ドイツの立場でヴィシーと手を結べるのではないかとの期待を持っていた。そのために、英米はペタンに配慮していたが、ドゴールは、体制の原罪とも言うべき休戦協定を結んだばかりか、ヒトラーと手を組んだ政権に対して、いかなる幻想も抱いていなかった。

自らの方針を徹底するために、ドゴールはソ連の参戦を活用するのに躊躇しなかった。彼はソ連の政治体制については好意的でなかったが、英米との関係上、東の大国との連携というカードを用いた。

一九四一年九月に、ソ連は樹立されたばかりのフランス国民委員会を承認し、ボゴモーロフを大使として派遣した。『大戦回顧録』のヴァリアントが、この件について明記している。「もちろん、戦争のさなかのロシアが、我が方から大きな具体的支援を得られるというわけではなかった。しかし、ソヴィエトの態度から、まず連合国内部で大きな力を持つ英米に対して、バランスを取りたいとの意思を見出すのは難しいことではなかった。さらに、軍事力よりは比較的大きな我々の影響力の助けを借りて、孤立状態から抜け出したいとのソ連の希望があった。最後に、いつかヨーロッパの再編のために、特にフランスと協調したいとの意志があった。この面において、ロシアはフランスが信頼できる交渉の相手となると確信していた」。

1941年、「自由フランス」の首脳陣

いずれにしても、連合国からしかるべき扱いを受けるためには、ドゴールは自由フランス軍が想像の中だけに存在するのではない、戦場において連合軍に有益な軍事的支援を行なえると示す必要があった。こうした点で重要な出来事があったとすれば、それは一九四二年六月の、クーニグ率いる自由フランス軍のロンメルのドイツ軍部隊に対する、ビル・ハケイムでの勝利である。トブルクに向けたドイツ軍の攻勢を、五〇〇〇人のフランス兵が食いとめたのである。これが、自由フランス軍にとって最初の軍事的勝利となった。

翌月、チャーチルとルーズヴェルトは、自由フランスが「戦うフランス」へと変化したことを確認した〔一九四二年七月に、自由フランスは正式名称を「戦うフランス」（La France combattante）に変更した〕。

それでも、ドゴールと連合軍との対立は、一九四二年一一月八日のモロッコとアルジェリアでの上陸作戦実施の後にさらに激しくなった。北アフリカのフランス軍がなおヴィシーに忠誠を誓い、上陸した連合軍に抵抗を示した後で、連合国側は北アフリカへのドゴール派の進出を拒否して、偶然アルジェリアに滞在していた元ヴィシー政府首班、ダルラン提督〔フランソワ・ダルラン（一八八一－一九四二年）は海軍大将。第二次大戦勃発時には仏海軍総司令官。一九四一年二月から四二年四月にかけてヴィシー政権で副首相（実質的に首相）。一九四二年一一月の連合軍北アフリカ上陸時にアルジェに居あわせ、米国の後押しで北アフリカにおける権力を掌握するが、同年一二月暗殺される〕に軍事上および民政上の権力を託した。怒ったドゴールは、米国側に抗議した。一九四二年一二月二四日のダルラン暗殺後も、連合軍の反ドゴールの方針は変わらず、ドイツから脱走してきた、ペタンに近いジロー将軍〔アンリ・オノレ・ジロー（一八七九－一九四九年）は陸軍大将。一九四〇年にドイツ軍の捕虜となるが脱走し、帰国。連合軍の北アフリカ上陸後アルジェに入り、米国の支援を受けてダルラン暗殺後に北アフリカでの権力を掌握。しかし政治的手腕に欠け、CFLN共同議長となるも、ドゴールに権力を譲ることになる〕を支援した。ドゴールとジローの間で、フランス国民委員会と連合国の間で、アルジェリアの統治権限をめぐって時には目に見えない、時には激しい闘争が起きる。

ドゴールは一九四三年五月三〇日になって、ようやくアルジェに到着した。六月三日には、フランス国民解放委員会（CFLN）が設立され、八月二六日に連合国の承認を得た。委員会のトップとして、ドゴール将軍はジロー将軍と権力を分け合ったが、ジローはやがて軍事面の責任のみを負うようになる。それでも、ルーズヴェルトがドゴールをフランス政府のトップとして承認したのはノルマンディー上陸から四カ月以上を経た一九四四年一〇月のことである。

この「従属と断念の永続的拒否」に加えて、ドゴールにはもう一つ、実現すべき課題があった。それは、レジスタンスの結集と統一である。彼は自らの権威のもとで、自由フランスを一致団結させようとしていた。異議申し立てには、事欠かなかった。一部の人々は、将軍の民主的正統性に疑問を持った。実際、彼自身が後に書いたように、彼は「一時的な」独裁者として行動した。いったい誰が、このほぼ無名の、権限を委任されたわけでもない、硬直した態度の、尊大で、冷淡で、傲慢で、扱いにくい軍人に政治的な保証を与えたというのだろうか。彼は規律を守らない人々、野心を隠さない人々、彼の戦略的もしくは政治的判断に異議を申し立てる人々に対処しなければならなかった。

彼の指揮命令に対して最も反抗的だった一人に、ミュズリエ提督がいた。二人の関係は、一筋縄ではいかなかった。「私がいかに貴殿の優れた資質を活用したいと望んだとしても、まずは貴殿が即座に規律をより遵守し、冷静な態度を取ることが絶対に必要となります」。二人は一九四二年の春に、完全に袂を分かつことになる。しかし、ドゴールは忠実な、ごく近しい関係の補佐役に対しても同様に厳しく対応した。たとえば、カトルー将軍である。この二人には手法の違いもあったが、性格も正反対であった。それは、シリア問題でも、アルジェリアの件でも見られた。カトルーは強硬あるいは乱暴な手段は用いず、現地の相手に配慮し、段階を追って物ごとを進めようとした。目的は一つである。自由フランスとその指導者を、奪還はしたもののまだヴィシー派の人々の管理下にある植民地において受け入れさせることだ。ドゴールは、可能な限り妥協を拒否しようとした。とはいえ、それが毎回可能だったわけではない。ドゴールが英米の動きに対して怒りを爆発させたとしても、軍事力を持っているのは英米である。それでも、彼は力がある「ふり」をして、自分の意見を押し通そうとし、支配権を得ようとする英国を妨害しようと試みた。シリアでは、カトルーにとっては「まず、政治的に機が熟するのを待つべき」だった。

だが、ドゴールはヴィシーに対するいかなる妥協も拒否した。それが、チャーチルの気に入らないとしても。彼は一九四一年二月に、ロンドンから手紙を書き、辞表を提出したカトルーに対して非常に厳しい言葉を連ねた。「もちろん、貴殿の辞表はこれを受理しません。(中略)貴殿が我々の大義のために重要な仕事をしていることを知らない者は一人もありません。それは、私の大義ではなく、祖国のそれです。しかし、ご承知のように、私は貴殿の熱烈にして誠実な友人ですから、一つ申し上げたいのですが、貴殿が偉大な存在であるためには、仕事においては条件をつけず、また自尊心を忘れて取り組んでいただきたいのです。(中略)指導者の、それも特に最も偉大な指導者の義務は、団結と規律の中で、まっすぐに前進することなのです」。

一致団結の状態を維持しなければならなかったのは、自由フランスだけではない。レジスタンス全体が、歩調をそろえて進むべきであったし、さらにはフランス国民の連帯を彼は目指していた。彼は、『大戦回顧録』にこう書いた。「ありのままの国民全体を統一するのが、私の務めだった。敵に対して、連合国の存在にもかかわらず、醜い分裂を乗り越えて、分断されたフランスの団結を私のまわりで図らなければならなかった」。

早い時期から、彼はロンドンの委員会と、国内レジスタンスの秘密組織との間をつなごうと試みていた。連日、ロンドンから暗号メッセージが国内の組織に送られた。これは容易な仕事ではなかった。というのは、本土で設立された各組織は、独立性を保とうとしていたからだ。

一九四一年六月から公式に地下活動に入った共産党は、ロンドンからの指令に従う意思はなかった。それでもあきらめることなく、たとえば労働組合関係者をよく知るアンリ・オークや、議会関係者に知己が多いガストン・パレフスキといった自由フランスの工作員を通じて、連絡が取られた。各組織の収斂における重要な段階は、一九四二年にジャン・ムーラン〔一八九九－一九四三年。レジスタンス活動家。内務官僚出身で、フランス国内のレジスタンス組織の統一に成功した。一九四三年六月ゲシュタポに逮捕され、ドイツへの移送中に死亡〕によって実現した。ムーランは元知事で、前年の九月にロンドンに渡っていた。共和国の高級官僚で、急進党に近かった彼は、人民戦線内閣で航空相を務めたピエール・コットの官房長を経験していた。ムーランと六月一八日の人物は、完全に波長が合った。

彼はドゴールの密使となり、本土のレジスタンス組織統一の任務を負った。徐々に、彼はコンバ、リベラシオン、フラン＝ティルールといった組織間の調整を進めた。また、軍関係者を糾合して、「秘密軍」が結成され、その指揮官にはドゴールがドレストラン将軍〔一八七九－一九四五年。一九四二年に秘密軍の司令官となるが、一九四三年六月にドイツ軍情報機関に逮捕され、一九四五年四月にダハウ収容所で死亡〕を任命した。この接近と、コンタクトと、連絡調整の長い仕事の末に、レジスタンス全国評議会（CNR）が一九四三年五月二七日に生まれた。ヴィシーに反対し、占領軍に対する抵抗運動を行なうすべての政治組織の代表者が、この評議会に参加した。

政党と議会内での工作、舞台裏での取り引きにとりわけ否定的なドゴール将軍にとって、国内レジスタンス全体の指導部に政党の代表者を招くのは本来の意図ではなかった。

しかしながら、統一への配慮にジャン・ムーランの信念も加わって、第三共和制時代の政党政治に対しても譲歩を行なうこととなった（レジスタンス全国評議会は、共産党、社会党などの第三共和制時代からの政党に、一定の立場を認めた）。この選択には、ピエール・ブロッソレットを初めとして、国内レジスタンスと自由フランスを統合した運動体が解放後のフランスを統治すべきだと考える人々が反対した。しかし、ドゴールは自らの考え方とは異なる方向性の判断を下した。それは彼が、フランスとしてヴィシーとドイツに対抗できる諸勢力を糾合したいと考えたためだった。フランスのレジスタンスの「戦うフランス」との一体化は、将軍が連合国と対立する中で大きな重要性を持った。なおも不信感を持たれる中で、軍事指導者であるばかりでなく、国家の指導者としての重みを増すものだったからだ。

この統一に向けての大事業の中で、困難な課題となったのが共産党との関係である。接近の最初のシグナルとなったのが、一九四三年二月に、元サン＝ドニ選出下院議員フェルナン・グルニエが正式な共産党の代表としてロンドンに到着したことである。スターリンの要請に基づくグルニエの「戦うフランス」への参加は、双方にとって有益だった。共産党にとっては、一九四〇年以来の孤立状態から脱出する機会となり、他方でドゴールにとっては、扱いにくい相手であるとはいえ、国内レジスタンスにおいて最も組織化された勢力であるＦＴＰ〔義勇兵パルチザン。一九四一年一〇月に共産党が設立した武装レジスタンス組織〕の支援が得られた。

一九四三年二月一〇日、ドゴールはフランス共産党中央委員会のメンバーに謝意を表し、今後は「戦うフランス」の指揮下に入ったＦＴＰの力を頼りにできることを喜んだ。「これこそ、我が国の解放と偉大さのために貢献したいというあなた方の意志の証しなのです」。確かに、共産党はまず国際共産主義運動と、その真の指導者であるスターリンに従ったのであり、フランス共産党（ＰＣＦ）指導部と「戦うフランス」の指導者の関係は決して平穏ではなかったが、それでもこの時、ジャン・ムーランの努力により、またレミ大佐のようなフランス本土における彼の密使たちのお陰で、国内の反ヴィシー、反ドイツの勢力はドゴール将軍の指揮のもとに団結した。統一は、ジロー将軍が退くことで、最終的に実現した。

このプロセスにおいて、ドゴールは自身の政治的立場を明確化する必要があった。彼が宣言し、実行した反ヴィシーの活動は、必ずしも彼が自由と民主主義の伝統に忠実な共和主義者であることを証明してはいなかった。

彼の威厳に満ちた態度、育った家庭、また軍人という職業も、彼がボナパルティストなのではないかと疑わせた。実際、ドゴールはクレマンソーのような生来の共和主義者ではなく、理性による共和主義者であったことが知られている。二つの事実が、彼の共和主義への賛同を強化した。敵であるヴィシーの反共和主義的イデオロギーと、レジスタンス組織において共和主義の精神が支配的であったという事実である。公には、彼は「戦うフランス」の闘争と、共和国のそれを同化させていた。一九四二年一一月一一日のロンドンのアルバート・ホールでの演説で、彼はフランスにすべての自由を完全に回復させ、また共和国の法を遵守する意志があると宣言した。

1942年11月11日、ロンドンのアルバート・ホールでの演説

こうした言葉、演説や記者会見での主張のさらに先に、ドゴールは間もなく実現するであろうフランス解放の際に設立される新制度の青写真を描こうと望んだ。一九四三年六月三日に、彼はフランス国民解放委員会を樹立した。一一月三日には、アルジェに諮問議会が設けられ、アルジェリアの県議会と各植民地の代表、そして何よりもレジスタンスの代表たちが参加した。いずれ議会となるべきこの組織は、民主制の継続の保証であり、ドゴールが一致結束した国民の指導者となり、新生フランスの創立者となることを可能にした。彼は、こう述べている。

侵略と占領は、フランスが築いた各種の制度と機関を破壊しました。軍事的敗北に動揺した国民の絶望を悪用して、また自らが行なった約束を反故にして、一部の人々が、敵と合意の上で、フランス本土に個人権力と、虚偽と、恣意的な迫害に基づく忌まわしき体制を打ち立てたのです。侵略者と協力関係にあると自賛し、その後押しを受けて、国家機構と個人に対してありとあらゆる圧力の手段を動員し、この人々は文字通り主権者である国民を投獄したのです。我々は、フランスの戦争遂行を指揮し、フランスの権利を守るために、新たな権力機構を設置しなければなりませんでした。

フランス共産党は、確かに独自の目的を追求し、ジャン・ムーランの逮捕と死の後で、レジスタンス全国評議会に対して潜入工作を行ない、フランス国内軍（ＦＦＩ）の指揮権を獲得した。ＰＣＦとアルジェの断絶が危惧された。しかしながら、四月四日には二人の共産党員、ビユーとグルニエが、ＣＦＬＮにメンバーとして加入し、同年六月三日にはＣＦＬＮはフランス共和国臨時政府に衣替えした。臨時政府は、一〇月二三日に連合国より承認された。

国内レジスタンスの分裂、そしてフランス解放時に蜂起する可能性がある共産党の地下活動における役割にもかかわらず、ドゴール将軍は次々と取った施策、次第に高まる名声、解放されたフランスを自らの政府の統治下に置こうとする意志により、連合軍の計画とは異なる「フランスによる」解決法を認めさせることに成功した。

出発点となった不服従は、重大な結果をもたらした。かつてないこの行動、想定外の大胆な行為により、大敗北後にも戦争を継続しようとする高慢とも言える意志により、ドゴール将軍はレジスタンスという使命を提示し、さらにはレジスタンス組織の統一に成功して、新生フランスの建設者の一人となったのである。

＊＊＊

　戦争の歳月を通じて、ドゴールは長所と短所の双方を人の目にさらすこととなったが、その短所も非凡な長所へと変化を遂げた。後から見れば、当時は少数の人々が聞いたにすぎない一九四〇年六月一八日のメッセージは伝説と化し、呼びかけを行なった人物は稀有な存在となった。服従しないフランス、フランスそのものを体現しようとすることは、ほぼ無名の暫定的な陸軍准将でしかない者にとってほとんど狂気の沙汰だったのではないだろうか。

　しかも、フランス国民は侵略と敗戦のため混乱の中にあり、栄光に包まれた「ヴェルダンの勝者」、ペタン元帥に運命を託していたのだから。それまで軍の規律のもとで暮らしてきた者が、服従を完璧に拒絶するとは、狂気の沙汰ではないだろうか。はるかに強い力を持ち、彼らの支援なくしては自由フランスにはわずかな重みしかなかったというのに、チャーチルとルーズヴェルトに挑戦するとは、常軌を逸していたのではないだろうか。大きなリスクを伴う彼の粘り強い行動は、非常に困難な状況下で行なわれた。

　彼の行ないには自信過剰、自分自身への盲信とも思われるところがあり、これに加えて祖国に対する燃えるような信仰があった。彼以外の者であれば、現実の前に屈したであろうが、彼には実態をあえて軽視する傾向があり、それがかえって彼を助けたのである。

確かに、彼の堂々たる態度は、不安を隠していたのかもしれない。一九四二年三月にロンドンに到着したピエール・マンデス・フランス〔一九〇七－八二年。政治家。一九三二年に最年少の下院議員となり、一九三八年の第二次ブルム内閣で財務担当閣外相。ヴィシー政権により逮捕されるが脱走し、自由フランスに参加。一九四四年、ドゴール率いる臨時政府で国民経済相。一九五四－五五年に首相〕は、この尊大でありながら、疑念にさいなまれる人物を見て、強い印象を受けた。

これらの疑念を、彼は祖国に捧げた隠されたエネルギー、意志、一歩も譲らない態度により克服するに至った。強力な連合国に対する彼の不遜な振る舞いは不都合な結果を生まなかったわけではないが、結局のところフランスの独自性の確保を可能とし、フランスの国旗は戦勝国の国旗とともにはためくこととなったのである。

奇妙で、不可解で、分類不能――聖霊がペンテコステ〔聖霊降臨祭。キリスト教の祝祭日。復活祭後の第七日曜日〕に出現するように歴史の中に登場したこのかつてない人物を語るために、さまざまな形容詞が用いられた。潜在的な専制君主、尊敬される誇大妄想狂であった彼は、最後には民主的共和国を復活させたのである。

この出来事において印象的なのは、一人の人物が持つ情念と、その行動との間にある深い関係である。ヘーゲルによれば、人間は自らの利益のために力を尽くすが、自分がどのような歴史を築いているかには気がつかない。

ドゴールの場合、理性の狡知はなかった。彼は自らが望むものを知り、その目的、その固定観念である母国の偉大さのために行動し、必要とあらば策略を用い、恩義に忘恩で報いることもあった。敗北し、傷つき、服従を余儀なくされたフランスを復活させたいとの思いに完全に取りつかれ、彼は信条とエネルギーのすべてをかけて、愛国的な理想の実現に邁進した。

敗北という運命を打ち破って、彼は敗戦を否定し、武器を取れと再び呼びかけ、フランス再生のための精神的、物質的な力を糾合し、休戦と占領の屈辱を消し去るに至った。ドゴールは、新生フランスの建設のために、あきらめと隷属という近年のフランス史の呪われた部分を覆い隠したのである。

この計画を遂行するために、彼は服従を拒否する少数の人々の協力を得ることができた。その数は次第に増え、やがて数百人、数千人の志願兵が自由フランスに加入した。彼は国内レジスタンスの地下に潜伏した戦士たち、組織化された運動体、マキ〔農村地帯や山岳地帯を中心に活動したゲリラ部隊〕の協力を期待することができた。彼の特筆すべき功績は、服従を拒否した人々全員を、分裂が支配的であった時期に、自らの権威のもとに統合しようとし、かつそれを成し遂げたことである。

「戦うフランス」は、一つの声で話すことができた――その声は、ドゴールの声であった。

4. 追放——戦後から第四共和制まで

1954 年、書斎のドゴール

政党の罠　―　バイユー憲法　―　RPF の冒険

「選択しなければならない。嵐の中で船を操舵する人間であると同時に、下等な駆け引きをする人間であることはできない」

息子のフィリップへの手紙

ノルマンディー上陸に引き続く数週、数カ月の間、ドゴールは二つの決意に動かされていた。フランスの自立性維持の方針につき譲歩しないことと、戦争により荒廃し、分裂した国の再生である。最初の目標は、彼に二重の義務を課していた。解放された国土をフランスが自ら統治すること。そして勝利の日まで——それは一九四五年五月八日に現実となった——英米軍とともに戦いつつも、フランス軍の存在を知らしめ、自立性を保つこと、である。

一九四四年六月六日に、ドゴールは早くもBBCの電波で、「フランス政府」の代表として発言した。米国は、イタリアで採用した方式をフランスにも適用しようとしていた。AMGOT（Allied Military Government for Occupied Territories）と呼ばれる軍政が、戦争終結までの間、フランスの行政を担当する計画だった。ルーズヴェルトとチャーチルから疑念をもって見られ、上陸作戦の日取りさえ知らされなかったドゴールは、この方式を断固として拒否した。「民政においても軍事においても、我々が我が国土の行政を担当しなければならない」。

一九四四年六月一二日にロンドンから発されたこの指示に続いて、ノルマンディーの解放地域における共和国委員としてフランソワ・クーレが、また軍管区責任者としてピエール・ド・シュヴィニェ大佐が任命された。六月一四日には、クーレがバイユーでドゴールを迎えた。歓喜に沸く群衆を前にして、ドゴールはこう主張した。「我々は、連合国と並んで、連合国とともに、連合国の一員として戦うものです。我々が間もなく得る勝利は、自由の勝利であり、フランスの勝利なのです」。自由フランスの指導者は米国の不意を襲って、既成事実を突きつけた。

ドゴールは、一九四四年八月二二日に、ルクレール師団をパリに向けて進撃させるべく、アイゼンハワーの説得に成功した。パリ市内で始まっていた占領軍に対する蜂起は、こうして第二機甲師団の戦車隊の到着により、支援を得ることとなった。

八月二五日にパリに帰還した臨時政府議長は、市庁舎での演説で、記憶にとどまる言葉を用いて、再び自立の重要性を強調した。「パリ！　侮辱されたパリ！　傷つけられたパリ！　犠牲となったパリ！しかし、パリは解放された！　自らの力で、民衆の力で、フランス全土の、戦うフランスの、フランスのみの、真のフランスの、永遠のフランスの力を借りて」。

「フランスのみの力」だったのだろうか。連合国なしでは、パリはなおドイツの軍靴のもとにあったであろうに。それは連合国を軽視するものだった。しかし、戦争の最中も、その終結後も、ドゴールは「戦うフランス」を実力以上に称揚し、フランスは第一線にあり、他の戦勝国と同等の地位にあると主張するのに決して躊躇しなかった。この主張は、彼がずっと取ってきた、想像と意志とが競いあう「ふりをする」手法によるものである。

一九四五年四月二九日、フランス軍第一軍はオーストリア国境を越えた。五月四日、ルクレール師団はベルヒテスガーデンに到達した。その三日後、ランスにて第三帝国は降伏文書に調印し、そこにはフランス軍のスヴェズ将軍が立ち会った。翌八日、降伏はベルリンでの儀式において再確認され、そこにはフランス代表としてド・ラットル・ド・タシニー将軍の姿があった。戦勝国の一角を占めたフランスは、米国、英国、ソ連と並び、ドイツの一部地域を占領することになる。フランスはまた、一九四六年に国連の安全保障理事会の常任理事国五カ国の一つとなった。フランスの建設、フランスの再建は、フランスが戦勝国の一つとなるよう努めることであった。

1944年8月、ルクレールとドゴール

1944年8月26日、パリ解放。凱旋門をくぐり行進するドゴール

政党の罠

臨時政府議長として、ドゴールはフランスの秩序を立て直し、再出発させるために、二重の要求に応える必要があった。それは、物質的な再建と、政治的な再生である。臨時政府、諮問議会、そして一九四五年一〇月二一日の選挙で選出された憲法制定議会が行なった立法の仕事は、これほど短期間のうちにフランスが経験したことがないほど豊かな成果をもたらした。こうした立法のうちには、特例的な措置も含まれた。たとえば、資本所得に対する本格的な課税となる連帯税には、戦争捕虜の帰国や国土の再建作業開始のための費用を賄う目的があった。

最も重要なのは、根本的な改革だった。女性参政権。炭鉱、ルノー、グノーム・エ・ローヌ、エール・フランス、国立銀行および主要銀行の国有化。中等教育の再無償化。企業運営委員会の創設。報道の自由の復活。公務員制度改革。国立行政学院（ＥＮＡ）、経済計画庁の設置。さらに、将軍の辞任後に具体化した社会保障制度などの改革が実施された。

一九四五年三月二日に、彼は次のように語った。「そうです、重要なエネルギー源の活用は、国家が自ら行なうべき仕事です。石炭、電力、石油、さらに主要な交通手段についても同様です。鉄道、海運、航空、また通信手段もそうです。すべてが、これらに頼らなくてはならないのです。国家はまた、金属の製造についても、求められるレベルを達成させる役割があります。国民の預金がこうした産業の発展が必要とする投資に広く活用され、私的な利益を代表するグループが公益を阻害することのないように、資金を準備するのも国家の役割です」。こうしてドゴールは、再建のためにその語を発することなしに、社会主義的な政策を実施した。彼にとっては、この種の政策は右でも左でもなく、その時点における、また未来のための必要に応えるものなのであった。

この大事業において、彼と政府は、政治家と世論から幅広い支持を獲得した。しかし、新たな憲法を制定する段になると、広範な支持を得ることは難しくなった。フランス解放直後の最初の課題の一つは、共産主義の危険に対応することであった。ＰＣＦはレジスタンスを通じて、新しい、圧倒的な力を獲得していた。スターリングラードの勝利以来のソ連の名声も、同党にとって有利に働いた。党内の多くの闘士たちが、社会革命を志向していた。数カ月にわたり、共産党とドゴールの間で対立が続いた。

将軍は、戦争終結後に、国家の権威と選挙実施により民主的な体制を復活させようと考えていた。共産党は、現状が革命的であるとの認識から、「形式上の民主主義」ではなく、人民の支持を基盤とする真の民主主義を求めていた。共産党はＦＴＰ、各地の解放委員会、党員を潜入させていたＣＮＲ、徐々に共産党の支配下に入った労働総同盟（書記長のレオン・ジュオーは、ドイツに抑留されていた）などとともに、読者を拡大していた共産党系の新聞・雑誌、すなわち強力かつ有効なプロパガンダの手段によって、これら人民の支持を得るに至っていたのである。一九一七年のレーニン主義的な図式に従い、共産党は二段階の権力樹立の戦略を立てていた。共産党の対抗権力が、やがて将軍の権力に取って代わる、というものである。

この脅威を前にして、ドゴールはいくつかの切り札を手中にしていた。まず、彼自身の非常に大きな威信である。彼の人気の高さは、国内の各地方を訪問するたびに、住民から歓呼をもって迎えられることで証明されていた。

彼はまた、社会党、キリスト教民主主義勢力（MRP）〔人民共和運動。一九四四年結成のキリスト教民主主義政党。第五共和制下では当初ドゴールを支持するが、六二年欧州政策の不一致から野党に転じる。六五年の大統領選ではジャン・ルカニュエを擁立してドゴールに対抗。その後ルカニュエが民主中道派（CD）を結成し、MRPは消滅する〕内部の、政治的に連携する人々、すなわちフランス国内で共産党と対立する人々すべての協力を期待することができた。フランス領内に駐留するアメリカ軍も、もう一つの歯止めとなった。しかし、最大の切り札は、スターリンその人だったかもしれない。クレムリンの支配者は一九四三年に共産主義インターナショナル（コミンテルン）を解散していたが、彼はソ連共産党が総本部である国際共産主義運動を掌握していた。

そして、慎重なスターリンは、フランスにおいてPCFが主導する革命をまったく想定していなかった。チャーチルとの間で（ヤルタ会談以前に）、彼は勢力圏の分割について合意していた。彼が自らの支配地域に加えたいと考えていたのは、赤軍の占領下にある東ヨーロッパの諸地域だった。スターリンにとっての緊急の課題はドイツに対する最終的勝利であり、ソ連の同盟国の国内における革命は、この勝利を遅らせる危険性があった。

一方で、駆け引きに長けたドゴールは、まずは共産党を臨時政府に参加させつつも、あまり大きな位置を与えすぎないようにした。何よりも、彼は一九四四年一〇月二八日に、共産党書記長モーリス・トレーズ〔一九〇〇－六四年。一九三〇年から六四年に没するまでフランス共産党書記長。フランス解放後、ドゴールの臨時政府で入閣した〕に大赦を認めるとの重大な決定を行なった。トレーズは兵役により従軍していた一九三九年、独ソ不可侵協定締結後に脱走し、戦争中ずっとモスクワに滞在していた。

同時にドゴールは、レーニン主義革命の実行部隊となる愛国的民兵団の解散を決定した。「これ以降、解放された国土に、国家の軍および警察以外のいかなる武装集団も存在しないようにしなければならない」。共産党系レジスタンスはこれにすぐには従わず、何週間にもわたりデモ行進を繰り返した。しかし、一九四四年一一月二七日にパリに戻ったモーリス・トレーズは、スターリンの外交姿勢と歩調を合わせ、党の路線をただちに修正した。

一一月三〇日、彼はパリの冬季競輪場〔ヴェル・ディヴ〕で、ＰＣＦの押しも押されぬ指導者として復帰後初めて演説し、臨時政府の指導のもとでの各勢力の一致団結に貢献したいとの意向を表明し、注目を集めた。重要なのは戦争を終結させることだと、彼は述べた。そして、「我らの祖国の再生のために、自由で、強く、幸福なフランスをつくる」ために、懸命に働くべきだと付け加えた。一方で、ドゴールは一一月二六日からソ連を訪問した。

一二月一〇日、モスクワで、彼はソ連との同盟と協力を定めた協定に調印した。共産主義革命の可能性は、いまや消滅した。ドゴールは、ＰＣＦの長期的な目標については幻想を持たなかったが、民主主義の再生という事業のために共産党と協力することはできた。当面、共産党の戦術的転換が、彼の政治的な計画と一致しさえすればよかったのである。

平和が戻ると、将軍は約束した通りに、主権者たる国民に発言の機会を与えた。女性たちもいまや、完全に国民の一部をなすようになった。

彼の考えは、第三共和制の議会中心の体制から脱却して、将来の憲法においては行政府の長に優先的な権限を付与することであり、しかも行政府の長は議会によってではなく、「国民」によって選出されるべきであった。彼は、こうした計画が、立法権の優位を重視する各政党とその指導者の反対にあうであろうことはわかっていたが、連合国と国内レジスタンスに対して正統性を確立するためには、各政党の支援が必要であった。それでも、彼は各政党の支援を無視して、何らかの独裁的権限を行使することはできなかった。彼は議会選挙と同時に国民投票を実施することにより、各政党の反対から逃れられると想像できた。

1946年1月16日、国民議会

一九四五年七月九日、将軍は政府の改造後の閣議で、国民投票に関するオルドナンス〔議会からの授権を受けて政府が発する命令。法律と同等の効力がある〕案に関する議論を求めた。二つの質問が、国民投票に付される予定だった。

1. 選挙実施が予定される議会を憲法制定議会とするか。この質問に「ウィ」と回答すれば、依然として急進党と穏健派からなる少数派が維持を主張する第三共和制の体制を廃止する結果につながる。

2. 憲法制定議会の任期を限定し（七カ月間）、その権限も限定的とすべきか。

閣議がこの案を決定した後、諮問議会は国民投票に反対の声を上げた。もっとも、諮問議会には決定権はなく、しかも多数派が形成できないため、対案を提示することができなかった。内容の確定後、オルドナンスは一九四五年八月一七日に公布された。下院選挙の方式についても、議論があった。郡単位の小選挙区制を主張する人々と、完全比例代表制を支持する人々の間で、ドゴールは郡単位では選挙区が「狭すぎる」、比例代表制は「広すぎる」として、「県単位」の比例代表制を採用した。諮問議会ではまたしても抗議の叫びが起きたが、それは無駄に終わった。

活発なキャンペーンの末に、将軍は一〇月二一日に、国民投票で希望通り二つの「ウィ」を勝ち取った。「ウィ」により、この同じ日に選挙が行なわれた議会に、第四共和制の創設が委ねられた。もう一つの「ウィ」により、共産党の反対にもかかわらず、この議会は任期においても、権限においても、限定的なものとされた。しかしながら、この勝利は多大な犠牲も伴った。というのは、憲法制定議会では共産党と社会党が過半数を占めたが、両党は将軍が計画する憲法に反対していたからである。確かに、ドゴールは一一月八日に政府議長に再選された。二一日には、新政府が成立した。

しかし、間もなく対立は明白となった。ドゴールは、憲法草案が「私が必要と考えていたものとは正反対の内容となった」と書いた。「一院制で独立した決定権を持つ議会に基盤を置く絶対的な政府を制度化するものであったからである」。草案は大統領の役割を、単に国家の代表者としての職務に限定していた。

一九四六年一月二〇日、ドゴール将軍は辞表を提出した。憲法草案作成の中心となったのは共産党で、SFIO（社会党）も支持にまわっていた。共産党は、この事態に満足した。「歴史的な一日となった。国民に恐怖を抱かせることなしに、ドゴールの辞任を勝ち取ったからである」と、マルセル・カシャン（一八六九－一九五八年。共産党幹部。下院議員、リュマニテ紙編集長などを務めた）は『手帳』に記した。

フランス解放の立役者は、スパルタのリュクルゴス（古代スパルタの政治家。スパルタの政治制度を確立したとされる）、あるいはアテネのソロン（古代ギリシャの政治家、立法者、詩人。アテナイの改革を行ない、民主主義の基礎を築いたとされる）がそうであったように、新しい共和国の立法者たらんと望んだ。彼は巧みな手腕でフランスを立ち直らせ、戦勝国グループ入りを実現させた。彼は民主主義に基づく自由を復活させ、フランス再生に向けての最初の決定を行なった。各政党には、憲法改正のプロセスを受け入れさせた。

しかし、彼は自らしかけた罠にはまってしまった。彼は、これ以外の道を進むことができただろうか。「政党が独占的な立場に立つ体制が、再び姿を現わしました。私は、これを拒絶します。しかしながら、私が望まず、しかもうまくいかないことがわかっている独裁制を力により樹立する以外には、私はこの実験を阻止するための手段を持ち合わせていません。よって、私は身を引くべきなのです」。彼には、国民に発言の機会を与えるとの約束、憲法制定議会を選挙で選ぶとの約束に忠実である以外に解決法がなかった。

選ばれた議会は、その構成、過去の遺産、内部対立から、ドゴールの計画を否決することは明らかであった。彼は、退陣の際に、各政党が国民の賛同を得られる計画を練り上げるのに失敗し、それによって政権復帰を求められるのではないかと密かな希望を持っていたかもしれない。彼は闘いに敗れたが、まだ降伏するとの意思はなかった。しかし、敗れたとはいえ、彼は四年に及ぶペタン独裁の後で、民主的な諸制度を復活させることで、間違いなく――希望通りにではなかったが――祖国を再生させたのである。

バイユー憲法

ドゴールの辞任後、憲法制定議会の命運は多数派を構成する共産党と社会党の合意にかかっていた。共産党はモーリス・トレーズの首相指名を求めたが、人民共和運動（MRP）の拒否などのためにこれをあきらめ、社会党のフェリクス・グアンの首相就任を認めざるを得なかった。

グアンは、三党連立内閣（社会党七人、共産党六人、MRP六人）を組織した。党の再建を図る社会党は、一九四六年二月二三―二四日に開催した全国会議で、民主的な国民政党であるとしつつも、「社会党は過去においても、また現在も、階級闘争の政党である」ことを再確認した。この宣言は、二つの「労働者政党」の合併の希望を捨てていなかった共産党との接近を可能とするものであった。社会党内では意見の一致を見ていなかったが、それでも議会の憲法委員会の委員長を相次いで務めたアンドレ・フィリップとギィ・モレ（一九〇五−七五年。一九四六年より社会党書記長。一九五六−五七年に首相。五八年にはドゴールの政権復帰を支持）が主張する議会中心の体制への支持が大きく広がっていた。

憲法制定議会のヴァンサン・オーリオル議長は、左翼二政党とMRPの意見の調整を図ったが、これは不首尾に終わった。四月には、首席報告者のフランソワ・ド・マントンが辞任した。彼の後を襲ったのは、共産党議員団所属の無所属議員ピエール・コットである。

四月九日、コットは同僚議員に憲法草案を提示し、一九日、草案は賛成三〇九票、反対二四六票で採択された。MRP（一四三議席）が、反対票を投じた最大勢力であった。この草案は議会中心で、国民公会をモデルとしていたが、国民議会が選出する任期七年の大統領のポストは残された。ただし、その権限は大幅に制限された。

憲法草案は、一九四六年五月五日に国民投票に付される予定になっていた。社会党と共産党は賛成の立場から運動を展開し、一方でドゴール将軍は公の発言を一切控えていた。

結果は、彼の期待を裏切らなかった。なぜならば、草案は反対五三％で否決されたからである。すべては出直しとなった。一九四六年六月二日、新たな憲法制定議会が選出された。今回は、MRPが有効投票の二八％と一六一議席を獲得して第一党となったが、過半数にはかなり遠かった。新たな三党連立内閣が成立し、今回は元ＣＮＲ議長で、ＭＲＰのジョルジュ・ビドーが首相となった。この時、ドゴール将軍は政治活動への復帰を決断した。

彼の引退は、手紙のやり取りからもわかるように、状況の変化への希望を含んでのものでもあった。彼は息子のフィリップに、こう書いた。「選択しなければならない。嵐の中で船を操舵する人間であると同時に、下等な駆け引きをする人間であることはできない」。しかし、いくつかの別の手紙では、「近い将来、物ごとは必ず本来の形に収まるだろう」との希望も記している。

四月二八日、彼は国際情勢に触れて、ジャック・バルドゥー〔一八七四―一九五九年。政治家。ヴァレリー・ジスカール・デスタンの母方の祖父〕宛ての書簡で「最後の頼み」という語を用いた。「国民の独立と団結について私が象徴していると国民の目に映るものが、まだ政党間の争いでしかないもののためにすでに弱体化しているとするならば、最後の頼みはどこにあるのでしょうか。適当な距離まで下がることが必要でした。それが、私が一月にしたことです。私は、この態度を取るのにとどめておきます」。共産党と社会党の敗北を見た五月五日の国民投票の結果を受けて、彼は政権復帰のための新たな方策を見出しただろうか。ＭＲＰが第一党となったとはいえ、共産党と社会党の議員団が半数近い議席を占める議会にあっては、憲法草案を大きく変更するには恐らく十分ではなかった。とはいえ、修正を経た憲法草案がまたしても否決されたならば、彼が権力に呼び戻される可能性は大いに高まると思われた。いずれにしても、ドゴールは一九四六年六月一六日、沈黙を破って、自らの計画を明らかにした。これは後に、彼が演説を行なった都市の名前を取って、「バイユー憲法」と呼ばれた。

重要な国益に反する政党間の慢性的な対立をまたも厳しく非難した後で、彼は「我が国で永遠に続く政治的な興奮状態」を是正する憲法の制定を提唱した。尊重すべき最重要ルールは、権力の分立である。直接普通選挙により選出された議会は立法活動を行ない、別の形で選ばれ、構成も異なる第二院は修正や独自の法案を通じて審議を行なうとした。この元老院には、経済関係の各団体、家族関係の諸団体、知識人の代表者が集まり、「国家の中心において、国内の主要な活動に携わる人々の声を伝える」役割を持たせることを、彼は想定していた。行政府は、この両院に基盤を置くべきではなかった。行政権は、国家元首に属し、共和国大統領だけでなくフランス連合の議長も務める国家元首は、それにふさわしい構成の拡大された選挙人団により選出されるべきであった。大統領は首相を含む閣僚を任命する責任を負い、首相は「政府の施策と業務を指導する」とされた。

後に一九五八年憲法の源泉の一つとなるこの素案では、ドゴールは大統領の直接選挙を提唱していなかった。バイユーでの演説について、レオン・ブルムは一貫性に欠けると評した。彼はこう書いた。「この体制では、大統領は政府および行政の実際の長となる。これに対して、首相は代理人、大統領の信頼を得て職務を任される人物、議会に対するスポークスマンの役割に限定される。付け加えれば、このように設計された行政府の長は、拡大された選挙人団による選出では十分ではない。統治権は必ず国民に由来するのだから、主権の源泉にまで遡る必要がある。つまり、行政府の長の選挙は、普通選挙で行なわれなければならない。これが、この体制から当然導き出される結論である」。将軍は、一九六二年にこの結論に至ることになる。

闘いは続いた。ドゴールは、警戒を緩めなかった。一九四六年八月二七日のメディア向けの発言で、彼は議員たちが起草した新憲法草案を詳細に解説したが、これは以前の草案の改訂版にすぎないと考えていた。新草案が国家元首の決定に首相および担当閣僚の副署を義務付けることで、元首を無力にしていると強調した。彼自身の構想の中核部分が採用されなかったために、無力が証明された純然たる議会制を議会が復活させようとしているとして、その無理解を激しく攻撃した。「国家の諸制度を正常に機能させるために、国が常に有効に統治されている状態に保つために、フランスの国益を常時維持するために、本土と海外領土の間の生き生きとしたつながりが保たれるように努めるために、したがって、いかなる事態においても国の独立、領土の保全、フランスが調印した条約の遵守を保証するために必要な手段の付与を国家元首に対して拒否することで、以前の体制が崩壊してすべてを放棄した時以上に、権力と責任の混乱に国家を陥れるのではないかと強く危惧される」。

バイユー演説以来、将軍は公共の場における非難の対象となり始めていた。特にリュマニテ紙は、彼を「個人的権力」を求める「体制転覆を企む将軍」だとした。八月には社会党大会が開催され、ギィ・モレをトップとする新執行部が選出された。新執行部は、SFIOの基本的な理論を徹底させるとの強い意志を持っていた。同党が強調するマルクス主義は、MRPよりも共産党と親和的なものであった。MRP議員たちは左翼の草案への修正を提案した。特に、共和国評議会と命名された上院の設置である。社会党と断絶しないよう配慮するMRPは、熱意はないものの新たな草案に賛成し、一九四六年九月二八日から二九日にかけての夜、連立三党の議員たちの賛成で、草案は採択された（賛成四四〇票、反対票は穏健右派と急進党等の一〇六票)。

九月一九日、ドゴールは記者会見の場で、新憲法草案について、五月五日に国民に否決された案と変わらないとして――それは、確かにそうだった――注意を喚起した。その一〇日後、新草案が議会で採択されたその日、彼はエピナルで批判を繰り返した。「最初の草案に比べて若干の改善は行なわれましたが、昨晩国民議会で採択された憲法草案は我々にとって十分なものとは思われません」。一〇月九日、国民投票の四日前、彼はフランス国民に「ノン」と投票するよう呼びかけた。草案の再度の否決から生じる結果として次々と選挙が実施され、国にとって危険である不安定な状態の継続を心配する人々に向けて、将軍は解決法を提示した。草案が否決されたら、一一月に新たな議会を選出し、その議会が彼の考え方に沿った新たな草案を提案し、その後この議会が立法議会として四年ないし五年の間機能を果たせば、新たな選挙の数々は必要なくなるというのである。

1946年9月29日、演説するドゴール

しかし、将軍が用いた政治上の技法は、すべて無駄に終わった。彼の支持者たちは、七月に「ドゴール派連合」を結成していた。ストラスブール大学公法教授のルネ・カピタンは、自由フランスと国内レジスタンスの元メンバーからなる指導部を形成した。しかし、この運動体は「ウィ」を訴える連立三党の前には重みを持たなかった。実際、連立三党は勝利を得たが、それは輝かしいものではなかった。今回の国民投票では、「ウィ」が多数を占めた（投票総数の五三％。有権者全体に占める割合は三六％）が、棄権が三一％余りに上った。ドゴールは敗れた。それでも、彼が展開したキャンペーンにより、六〇〇万票の移動が見られた（一九四六年六月二日の選挙では連立三党は合計で一五〇〇万票を得ていたが、「ウィ」への投票は九〇〇万票にとどまった）。

この国民投票により生まれた第四共和制は、当初からその正統性が脆弱であった。ドゴールは、政権復帰への希望を捨てなかった。というのは、彼の言によれば、新憲法は有権者の三分の一余りの支持を得たにすぎなかったからだ。まず彼は、一一月一〇日投票と決まった下院選の闘いに全力を投入した。一一月一日、彼はこう宣言した。「この憲法が定めた制度はまったく不合理なもので無効だと、私は躊躇なく申し上げます。そして、もし制度が大幅に変更されないならば、我々の運命にとって重大な影響をもたらすことになるでしょう」。彼はその上で、有権者に向けて、自分と同様の決意を持つ候補者に一票を投じるよう求めた。それでも、彼は直接争いに加わらないように、「ドゴール派連合」を支持することは控えた。いずれにしても、カピタンと仲間たちは、ようやく三〇ほどの県で候補者名簿を提出したにとどまった。彼らは得票率三％で、獲得したのは六議席だけであった。結局、新議会でも三党連立が多数を占め、共産党が第一党（得票率二八・八％）、次いでＭＲＰ（同二六・三％）、ＳＦＩＯ（同一八・一％）が続いた。

その数週間後、将軍は姉のマリー＝アニェスへの手紙で、恨みがましい様子もなく、「政党が大騒ぎする嘆かわしい光景」を観察したと書いている。それでも、彼はこの「不可避の試練」で歩を止めるつもりはなかった。なぜなら、この試練は終わるに違いなかったからである。「フランスの再生のために有効な手を打つ」のが、彼の計画であり続けていた。

RPFの冒険

当時、将軍はこの議会は五年ももたないだろうと考えていた。それでは、いかなる戦略を採用すべきだろうか。彼は政党の結成を拒絶してはいたが、憲法改正を成し遂げるためには、組織的な支援を必要としていた。ジャック・スーステル、アンドレ・マルロー、ジャック・ボーメル、レミ大佐、ジャック・ヴァンドルーら、忠実な仲間の協力を得て、ドゴールはもう一つ政党を作るのではなく、「ラサンブルマン」（連合体、結集などを意味する、ドゴールが好んで用いた語。フランス国民連合（RPF）の名称でも、この単語が使われた。その後も、ドゴール派およびその系譜に属する政党は、「党」という名称を用いていない。現在ドゴール派の流れを継ぐ政治運動はLes Républicainsと称し、政党を意味するpartiの語を名称に付していない）となる組織体を思い描いた――これが、彼の「政党」に対する批判と矛盾しない統一のコンセプトを表わすキーワードとなった。

一九四七年三月三〇日、ブリュヌヴァル（セーヌ＝エ＝マルヌ県）の戦いの記念式典で、英国とカナダの大使が出席する中、彼は演説の結びでこう述べた。「ああ、同僚の皆さん、これほどの試練の後で、分断をもたらす声、つまりは衰退の声は、一時的には国益を求める声をかき消すことができました。それは、避け難いことだったのかもしれません。潮は満ち、また引くものです。明らかな大きな努力の後に、暗闇の中での手探りの時がやってくるのは、自然なことであるかもしれません。しかし、時代はあまりに困難で、日常はあまりに不安定で、世界はあまりに過酷なため、死の危険にさらされることなしに、長い間暗黒の中で細々と生きていくことはできません。わが国民は深い傷を負いましたが、その不幸な心臓が鼓動するのを聞きさえすれば、国民が生き、傷をいやし、偉大になりたいと考えていると知ることができます。不毛な駆け引きを拒絶し、国民を道に迷わせ国家を貶める欠陥のある枠組を改革して、フランス人が巨大な群衆となってフランスのために結集する日が訪れるのです」。

四月七日、ストラスブールで、再び「政党間の駆け引き」を強く非難した後、彼ははっきりとフランス国民連合（RPF）の結成を宣言した。「(フランス国民連合は）法の枠組みの内部において、意見の違いを乗り越えて、共同の救済のための大いなる努力と、国家の大規模な改革を推進し、成功させるでしょう。そうなれば、近い将来、行動と意志の一致により、フランス共和国は新生フランスを建設することになるのです」。

発足したばかりのRPFは、大きな成功を収めた。指導部によれば、五月半ばには五〇万人、七月末には一〇〇万人が加入した。実際、RPFはフランスで最大のメンバー数を誇る政治団体となった。ドゴールは行く先々で、多数の群衆から熱狂的に迎えられた。ストラスブール、ボルドー、リールに続いて、一九四七年一〇月五日にはパリのヴァンセンヌ競馬場に五〇万人近くを集めた。

その間に、冷戦が始まっていた。五月に、ラマディエ内閣は共産党との連立を解消していた。三党連立の終焉である。秋には、スターリンが創設したコミンフォルムに九月に加盟したPCFが、野党として政府と激しく対立するようになった。一一月には、全国での大規模なストがこれに続いた。一部の人々から「蜂起的」とも評されたこうした情勢下で、共産主義の恐怖がRPFの勝利に貢献した。

一九四七年七月二七日、レンヌで、六万人ともされる聴衆を前に、ドゴールは初めて共産党を「分離主義者」の党だとして攻撃した。「我が国土において、我々のいる中で、ある人々はスラブ人の大国の主らが指導する国外から来た統治計画に、服従の意を示したのです（中略）。このブロックは、四億人近い人口を擁し、いまやスウェーデン、トルコ、ギリシャとイタリアに国境を接しています。その境界線は、我が国境から五〇〇キロのところにあります。これは、ツール・ド・フランスの二ステージ分の距離です！」

一九四七年一〇月一九日と二〇日の市町村議会選挙では、「ドゴール派の地すべり的勝利」が語られた。全国での得票率は、三八％（人口三万人以上の一一〇都市では四一％）だった。パリ、マルセイユ、ボルドー、リール、ストラスブール……。そして人口三〇〇〇人以上の町の三分の一が、ドゴール派の手に落ちた。これが下院選挙であったならば、ドゴール派は単独で議席の過半数を獲得していただろう。しかし、これは市町村議会選挙でしかなかった。大統領ヴァンサン・オーリオルは、RPFの選挙における勝利を理由とした下院解散の要求を退け、ポール・ラマディエに首相にとどまるよう求めた。したがって、ドゴールは大挙して議員を下院に送り込むのに、一九五一年の下院選を待たなければならなかった。このスケジュール上の制約が、ＲＰＦにとって致命的となった。

それまでの間、ドゴールと仲間たちは、共産党とドゴール派の双方と対立する「第三勢力」を構成することになる各党派からの激しい抵抗にあうこととなった。一九四九年三月の県議会選挙では、早くも退潮傾向が見られた。

一九四七年の市町村議会選での得票率四〇％に対し、県議選ではＲＰＦは三一％に後退した。一九五一年の下院選では二二％に届かず、二六％を確保した共産党に差をつけられた。一〇六議席を得て下院第一党にはなったものの、当初の野心からすればまったく不十分な結果だった。議員団は、徐々に瓦解した。

一九五二年には、議員団は実際に分裂した。二七名の議員が、新首相となったアントワーヌ・ピネイ支持にまわったのである。一九五三年の市町村議会選でＲＰＦの得票率が一〇％以下にまで下落すると、ドゴールは議員たちに行動の自由を許した。

その二年後、一九五五年六月三〇日にパリのホテル・コンティナンタルでの記者会見で、彼はこう述べた。「この前集まっていただいてから、一年以上が過ぎました。我々がまたこうして集まるまでには、長い時間が必要となるでしょう。というのは、私は〝公的政策の遂行〟と呼ばれるものについて論評を行なわないつもりだからです」。

彼の言によれば、臨時政府議長の職を辞して以来、九年間で二〇の内閣が成立し、短命な政権で二〇〇人もの大臣が次々と交代した。しかし、彼は制度の立て直しを実現できなかった。失敗は明らかだった。

彼の無念の気持ちが、次の言葉から窺えた。「フランス国民がいつまでも政治的な駆け引きに重要性と意味があるとの幻想を抱いている様子を見ると、私にはどうでもよいことだと思う一方で、胸が痛んでしまう。実際には、駆け引きにはいかなる価値もない。はっきりと申し上げるが、一九五六年の選挙でどんなことが起こるかについて、私はすでにまったく関心がない。どうせ何も起こらないのだから」。

＊＊＊

この失敗の原因は何だったのだろうか。

将軍は、戦略的な失敗を批判された。フランス解放の直後に、憲法制定のための権力基盤となる政党を結成する代わりに、彼は再開された政治活動において、乱戦を超越した大人物としての立場を維持しようとした。「政党」の拒絶と同様に、六月一八日の呼びかけと、彼の権威のもとでの戦うフランスの統一は、結局彼に不利な結果を招いた。ほとんど一人であることは、自らの利益を守ろうとする政治勢力の前では重みが足りなかった。

政党でありながら政党でないＲＰＦの結成は、遅きに失した。あるいは早すぎた。というのは、ＲＰ

Ｆの結成は偶然ながら下院選の四年前にあたっていたからだ。一九四七年には地すべり的大勝利を得たものの、憲法改正が見通せるようになる以前に、ＲＰＦへの支持は退潮した。古い議会政治は息を吹き返し、「第三勢力」による政権は何とか国を統治していた。経済状況は改善し、一九四七－四八年には恐怖に感じられた共産党の脅威も、米国の保護もあってそれほどの危険ではなくなっていた。「救世主的人物」に救いを求める必要は、もはやなかった。一九四七年四月のＩＦＯＰ社の世論調査では、ドゴールの失敗が明らかになった。将軍によるＲＰＦ結成に賛成かとの問いに、四三％が反対と回答し、賛成は三四％だった（二三％は無回答）。

それでも、共和国を不安定化させる新たな要因が現れていた。北アフリカ、特にアルジェリアでは、一九五四年一一月一日からナショナリストの蜂起が始まり、これがやがて「名前のない」戦争へと発展した。この植民地紛争が、引退した立法者に新たな機会を与えることになる。

5. 復帰――第五共和制

1958年、国民議会で演説するドゴール

戦略家 – 立法と脱植民地 – 偉大さの変転 – 絶頂期 – 内政を覆う影

「彼は自分の判断に自信を持ち、自分の能力を信頼し、
他者から好かれたいとの誘惑には決して負けない」

『剣の刃』

ドゴールは、二度にわたって、彼の希望に合った国家の権威を確固たるものにするという、政治体制をフランスに付与するのに失敗した。一九四六年には、彼はまったく意見の異なる憲法制定議会を前に、辞任を余儀なくされた。

一九五三年には、彼は早くに結成されすぎたＲＰＦを用いての政権復帰をあきらめなければならなかった。

ある事件――この語には、予測不能な性格が内包される――が、一九五八年に、雪辱の機会を与えることになる。

戦略家

五月一三日に、アルジェでアルジェリア省（旧総督府）の建物が暴徒により略奪され、それに続いてマシュ将軍〔ジャック・マシュ（一九〇八－二〇〇二年）は陸軍大将。自由フランス軍で活躍し、解放勲章を受ける。後に、ドイツ駐留軍司令官〕がトップを務める公安委員会が軍を中心として設置され、アルジェリアが本土からほぼ分離状態に陥った時、即座にドゴール将軍のことを思い出した者はいなかった。

しかし、その二日後には、彼の名前はいたるところから聞こえてきた。五月一五日、サラン将軍〔ラウール・サラン（一八九九－一九八四年）は陸軍大将。一九四四年プロヴァンス上陸作戦に参加。戦後、インドシナ駐留軍司令官を務めた後、アルジェリア駐留軍司令官。一九六一年の将軍たちのクーデター計画に加わるが失敗、その後ＯＡＳ（秘密軍事組織）の指導者となる。逮捕され、終身刑を宣告されるが、六八年にドゴールにより恩赦〕はアルジェのフォロム広場に集まった群衆に向かってこう叫んだ。「ドゴール万歳！」これは、元ＲＰＦ幹部でアルジェのドゴール派責任者、反乱をドゴールに有利に導こうとしていたレオン・デルベックの教唆によるものだった。

この同じ日に、ドゴールは象徴的な声明を発表し、アルジェでの出来事を非難することなしに、「共和国の政権を担当する用意がある」と宣言した。アルジェでの事件にもかかわらず――あるいは、かえってそれゆえに――成立したピエール・フリムラン率いる内閣は、それまで抵抗の意思を示していたが、この声明により一気に弱体化した。パリの政府とアルジェの将軍たちの間に、まだ実体的ではないが今後具体化する可能性のある三つ目の権力が登場したのである。

この時点では、下院議員たちはドゴールという解決法を否定した。しかしながら、議員らが動揺し、その立場が確固たるものでないことが窺えた。

五月一六日に早くも、社会党（SFIO）書記長のギィ・モレは、公にドゴールに、その意向を問うた。実際、ドゴールを拒否し、アルジェの反乱者と対峙するには、すべての民主的勢力の糾合による共和国防衛のための運動が求められる。しかし、そのためにはアルジェの反乱に反対する最大政党で、冷戦開始以来いかなる政党との協力関係からも排除されてきた共産党への対応が課題となった。ギィ・モレは、以前共産党をこう批判したことがあった。「共産党の居場所は左ではなく、東だ」。

一九五八年五月の状況下では、中道派のフリムラン内閣も、モレの社会党も、ともに共産党を危険視し、たとえ防御的なものであれいかなる共同行動も取ろうとはしなかった。ドゴールは、二つの主要な「労働者政党」が議会の多数派を構成していた戦争直後とは異なる、こうした情勢を利用した。左翼陣営内部の分裂は、新たな人民戦線の構築を妨げた。それを支持する人々が掲げる「反ファシズム」は、もはや時宜にかなっていなかった。

1958年5月19日、記者会見するドゴール

アルジェの軍の反乱を非難することを避けるためにギィ・モレに回答しなかったドゴールは、五月一九日にホテル・ドルセーで記者会見を開いた。彼は人々の不安を取り除こうとして、自分は六七歳で、いまから独裁者のキャリアを始めようとは思わないと述べるとともに、極度な軍事的緊張下の状況に、より踏み込んで発言した。「国家の威信を回復し、国民の信頼を取り戻す」。これが、彼の綱領だった。

ドゴールへの賛同が広がったが、フリムラン内閣は態度を硬化させた。将軍は内密にアルジェの軍司令部に、現地の状況について報告できる密使を派遣するよう要請した。こうして、数名の部下を伴って、デュラック将軍がコロンベイ＝レ＝ドゥー＝ゼグリーズに到着した。メッセージは明確だった。もしドゴールが権力の掌握を妨げられるなら、軍は本土での行動を決断するだろう。

五月二四日には、予想外の事件が起きた。コルシカが、反乱派の手中に落ちたのである。依然として議会の支持を受けるピエール・フリムランは、そこでドゴールとの妥協を模索した。フリムランは、ドゴールがアルジェの反乱とコルシカ上陸を非難するよう望んだ。しかし、それは幻想だった。なぜなら、将軍が政権復帰のチャンスを得たのは、「アルジェ」と、反乱派と、軍幹部と、「ピエ・ノワール」によってだったからである。反乱を非難することは、彼にとって退却を意味した。フリムランとドゴールは、五月二六日から二七日にかけての晩に、パリ郊外のサン＝クルー公園で秘密裡に会談した。成果は得られなかったが、それでも翌日、ドゴールは次の声明を発表した。「昨日私は、共和主義的政府の樹立のために、正式な手続きを開始した……」。これは、首相の抵抗をねじ伏せようとする人物のマキャヴェリ的な脅しだった。この大胆な手法は、誠実な首相を傷つけたが、コティー大統領の助言を受けて、フリムランは彼を操ったドゴールを公に非難することは控えた。声明では、ドゴールは最高司令官の口調で、あたかもすでに権力の座にあるかのように、軍に規律を遵守するよう求めた。「アルジェリアにある陸海空軍部隊が、指揮官の命令に従い、模範的に行動することを期待する（後略）」。

五月二八日には、左派系新聞の呼びかけで、数十万人がドゴールに反対してパリのナシオン広場からレピュブリック広場に向けてデモ行進した。デモでは、急進党、共産党、社会党、人民共和運動（MRP）の各党党員が並んで行進したが、政党指導者たちはこの危機を乗り越えるための方策について、まったく意見が一致していなかった。

すでに、結果はほぼ見えていた。というのはこの日、五月二八日の朝にフリムランが辞表を提出し、この大規模ではありながら、次期内閣実現のための具体的な解決策を持たないデモの翌日に、大統領ルネ・コティーはドゴールに組閣を要請する意向を固めていたからだ。

二週間足らずの間に、二つの声明と一回の記者会見で、ドゴールは情勢を有利に転換させた。彼は、五月一三日の運動を彼の方向に導くのに成功したアルジェの何人かのゴーリスト（ドゴール派）の動きに助けられた。彼は、アルジェの街頭に出た市民たちが権力の座につけようとしていた軍が表わす脅威を利用した。後になって、アルジェの将軍たちと大佐たちが「復活」作戦（軍の落下傘部隊を降下させ、パリの戦略拠点を占拠して、ドゴールの政権復帰の実現をめざした作戦計画。フリムラン首相が辞任したため、実行には移されなかった）の準備を行なっていた事実が知られるようになる。しかし、当面は軍による介入の危機が恐れられており、それがダモクレスの剣のように議員たちの頭上にぶら下がっていた。

この恐怖、内戦の恐怖、そして一部の人々が感じる共産党による権力掌握の恐怖を、将軍は利用した。彼はある時は沈黙し、それに発言と同じだけの重みを持たせる戦術で、きわめて巧みに立ち回った。

この政権獲得は「政治の芸術家」にふさわしいものだったが、それができたのは彼が救世主的人物たり得ると見なされていたからだ。彼の歴史的正統性が、「六月一八日の人物」の復帰を信頼に足るものとさせたのである。

自由フランスの指導者、自由を復活させた人物が、「ファシスト」だと見られるはずはなかった。元レジスタンス関係者からなる多くの政界関係者と一部の知識人――マルロー、モーリアック、ジャン・アムルーシュら――は、独裁とは反対の保証になると見られた彼の過去ゆえに、ドゴールに信頼を寄せた。加えて、この人物には独自のカリスマ性、その弁舌、その表現、フランスと自らの名を一体化させる独特の手法があった――他の人物であれば滑稽となるところが、彼の場合はそうではなかった。

彼はなおも、かつて描いた「精神力の人」であり続けた。「彼は自分の判断に自信を持ち、自分の能力を信頼し、他者から好かれたいとの誘惑には決して負けない」。その通りだが、これこそが彼が好かれる理由である。なぜならば、この点が人を驚かせるからだ。

将軍の政権復帰は、合法的に行なわれたのだろうか。彼の支持者は合法的だったと答え、彼が六月一日に議会で信任を得た事実を証拠として挙げる。いずれにしても、議員たちの大半は当初は、ドゴールに屈するつもりはまったくなかった。軍による脅し、内戦勃発への危惧、議員たちに対する「攪乱」が、将軍が目的を果たすためには必要だった。ドゴールの信任に反対票を投じた、共産党以外では数少ない議員の一人であるマンデス・フランスは、この時の選択肢のない状況を告発した。彼は、こめかみに銃口を当てられた状態での信任を拒否したのであった。合法性は、よって、疑わしかった。それと同時に、世論はドゴールに賛同した。ゼネストは失敗に終わった。

五月二八日のデモは、その当日、すでに多くの人々から「名誉のための戦い」と見なされていた。その後を見れば、市民たちの大半がドゴールという解決法に賛成したことが明らかだった。この時から、二度にわたり救世主的人物となった彼の、フランスとの関係における新たな一章が始まったのである。

立法と脱植民地

政権に復帰したドゴールは、二つの重大な課題に直面していた。

彼が望む憲法をフランス国民に採択させることと、アルジェリア戦争に終止符を打つことである。国家の再建が、彼にとってはアルジェリア問題解決の前提条件であった。この二つの問題は結びついており、四年間にわたりそうであり続ける。

ドゴールが新しい共和国を建設できたのは、アルジェリア戦争によってであった。この戦争がなければ、彼の「砂漠の横断」〔ドゴールが一九四六年に臨時政府議長を辞任してから、一九五八年に政権復帰するまでの期間をこう呼ぶ。転じて、政治家が不遇の時期をこう称する」はさらに続き、第四共和制は何とかその流れを継続できたに違いない。この意味では、ドゴールの憲法はFLN（アルジェリア民族解放戦線）が生んだとも言える。

しかし、彼に権力を与え、第五共和制憲法の制定を可能にしたアルジェリア戦争は、彼の業績を無に帰す危険があり、少なくとも彼の国家再興の計画を危うくする可能性があると、ドゴールは認識していた。そのために、今度はアルジェリア問題の解決が、国家の再興の前提条件となった。制度の運命、フランスの再生、彼が構想する偉大さを追求する政策、これらのすべてが、彼がこの紛争に解決をもたらすことができるか否かにかかっていた。

1958年9月4日、新憲法に関して演説するドゴール

ドゴールは、解決策を見出すために、第四共和制の政治家たちが持っていなかった政治上、憲法上の手段を獲得することになる。アルジェリア戦争は、新体制にとって最初の試練、最初のテストとなった。

一九五八年九月二八日の国民投票により、行政権を強化する憲法が承認された。権力はもはや希釈されず、一人の人物に集中していた。国家の頂点には、国民から認められた、国の運命を保証する一人の指導者がいた。

しかし、指導者には国民の支持が必要である。ドゴール政権にとっての要となる国民投票の活用が、その効果を発揮した。

一九六一年一月のアルジェリア住民の自己決定に関する国民投票の後には、将軍の政策がフランス市民の多数から支持されている事実を誰も否定できなくなった。一九六二年のフランス、次いでアルジェリアで行なわれた、アルジェリア独立と紛争の終結を民主的な方法で確定する二度の国民投票によって、この劇的状況に決着がつけられたのである。

重大な危機に際して、大統領は特例的な権限を付与されるとする一九五八年憲法第一六条の規定は、一九六一年四月の将軍たちによるクーデター未遂事件〔アルジェリア駐留軍の一部によるクーデター計画。ドゴールがアルジェリアを放棄しようとしていると見たシャール、ジュオー、サラン、ゼレールの四将軍らが中心となった〕の際に実際に適用され、有効性を証明した。軍の不服従の行為に対して、この条項は大統領に、憲法の定める枠内において、より大きな力を与えたのである。

1961年4月23日、テレビ演説をするドゴール

こうして、アルジェリア戦争とそれに関連して起きた重大な事態が、ボナパルト的モデルに否定的な共和主義の伝統からすれば強い批判の対象となるこれらの条文が有効なものであることを、憲法に反対する人々に対して示したのである。アルジェリア戦争は、ドゴールの憲法にとって砲火の洗礼となったので

ある。

この戦争と新憲法との深い関連が最後にもう一つ、一九六二年に現れた。ここでもまたアルジェリア戦争とその後の出来事が、一九六二年一一月六日の法律を通じて、憲法の完成に寄与することとなった。直接選挙による、大統領の選出に関する法律である。ドゴールはより早期にこの憲法改正を実現したいと考えていたが、一九六二年の政治情勢によって初めて、議会多数派と各政党に対抗して国民投票に訴えることで、この改革が可能となったのである。

一九六二年八月二二日のパリ郊外ル・プティ・クラマールでの、ＯＡＳ〔秘密軍事組織。アルジェリア独立に反対して、テロ活動などを行なった〕の活動家によるドゴール暗殺未遂事件――これが決定的であったとしばしば評される事件――と、アルジェリア戦争終結により彼が獲得した威信が、将軍による憲法の完成を可能にしたのである。

他方で、アルジェリア戦争はマダガスカルとフランス領アフリカの脱植民地化プロセスの口火を切った。当初、ドゴールは最終的に「共同体（コミュノテ）」と呼ばれる連合体の内部での自治という形態と、早期の独立の二つの選択肢を提示した。セク・トゥレが指導するギニアのみが、一九五八年九月二八日の国民投票に「ノン」と回答して、主権獲得を選んだ。しかし、早くも一九六〇年から、他の旧フランス植民地のアフリカ諸国も、フランス大統領の同意を得て独立を達成したのであった。

＊＊＊

このように、ドゴールの共和国の最初の四年間、アルジェリアが最重要課題となった時期は、きわめて重要なものであった。この年月は、フランスの歴史にとって、二つの断絶を表わしている。ようやく安定的な統治が可能となる共和制の確立と、植民地時代の終焉である。

遅かれ早かれ、アルジェリアは独立を得たと考えること、遅かれ早かれ、フランスは植民地帝国でなくなったと考えることもできるだろう。

しかし、脱植民地化が必然であったとしても、それが政治的な、そして憲法上の変革を伴ったとは限らない。第四共和制の崩壊は、軍事政権を成立させ、民主主義を葬り去ったかもしれない。

ドゴールという人物と、彼の政治的ヴィジョンが、ここで異なる展開を可能にしたのである。実際、「偉大な人物」、ヘーゲルの言葉によれば「歴史的個人」としての彼の役割を認めなければならない。ドゴールははるか以前から、マキャヴェリが必然と呼んだものを認識していた。彼は、植民地住民の解放を求める運動が、大きな歴史の流れに位置づけられることを理解していた。

彼の才は、この必然を認め、それを望み、建設的な結末へと向かわせた点にある。「植民地の叙事詩」の終焉は、新たな偉大さを求める計画をフランスに提供した。五月一三日の群衆、アルジェリー・フランセーズの活動家たち、アルジェリアのナショナリズムを殲滅しようとする軍によって政権に呼び戻された将軍は、自分が考える方向での解決を実現するために、巧みに立ち回る必要があった。彼は、軍には地上で勝利を得るために必要なすべての手段を与えたが、これはあらゆる「統合」計画をうまく拒絶するための方策であった。

彼自身が『希望の回想』に書いたように、一九五八年に解決策の「大きな方向性」がドゴールの「頭の中で固まっていた」かどうかは疑わしい。彼は同じ著書で、「あらかじめ決められた正確な」プランがあったわけではない、とも書いている。確かに、彼は植民地となった地域の住民が独立を得るべきだと考えていたが、同時に旧宗主国との関係が維持されるよう希望してもいた。最初には協同（アソシアシオン）という考え方があり、それは憲法上「共同体（コミュノテ）」という形で具現化された。一九五九年九月一六日、非常に重要な演説で、ドゴールはアルジェリア人に自己決定権を付与するとし、統合（「フランス化」）、協同と独立の三つの選択肢を提示した。この時点で、彼が自治を得たアルジェリアが「共同体」の一員となるよう希望していたのは明らかだ。その時、彼は軍人と民間人のアルジェリー・フランセーズ支持者の猛反対にあった。彼らは、統合を強く求めていた。それでも、一九六〇年末、ドゴールは「共同体」内での自治という選択肢はもはや時宜にかなっていないことを理解した。フランス・アフリカ共同体そのものが、加盟国の独立によって存在意義を失っていた。

残るは、軍の抵抗を排除することだった。一九六一年四月の将軍たちのクーデターの失敗は、なお困難だったＦＬＮとの対話への道を開いた。軍の文民への従属の原則に忠実な彼は、アルジェリア視察の機会に、将校たちにこう語った。「諸君については、よく聞いてほしいのですが、軍は軍のためにあるのではありません。諸君は、フランス軍なのです。諸君が存在するのはフランスによってであり、諸君の任務はフランスのために奉仕することです。そして、現在の立場と負っている責任からして、軍は私に従わなくてはならないのです。それは、フランスの存続のために必要なことです。諸君が私に従っているものと確信していますし、それについてフランスの名においてお礼を申し上げたい」。

こうした言葉は、多くの抵抗を伴いながらも、結局のところ受け入れられた。紛争解決のための最後の障害は、アルジェのクーデター失敗により取り除かれた。一部の命知らずはOASの血なまぐさい冒険に身を投じたが、国民投票を通じて意見表明を行なった主権者たる国民の支持を受けて、ドゴールは延々と続いた残酷なアルジェリア戦争からフランスを救い出すことに成功した。

フランスに、新しい共和国が誕生した。その作者は、ドゴールであった。

偉大さの変転

ドゴールは「反植民地主義」的な主張を行なったことはなかったが、避けて通れない脱植民地化を遂行する責任を引き受けた。旧植民地の独立は、フランスの衰退を示すものではなく、偉大さをめざす新たな政策にとっての跳躍台とならねばならなかった。植民地戦争とポストコロニアル戦争の重荷から解放されたフランスは、再び大国の一角を占めるべきであった。一九四〇年の敗戦と占領の屈辱は、国の名誉にとって大変な打撃となった。ルーズヴェルトに対してのドゴールの非妥協的な態度は、いくらかフランスの名誉挽回に寄与した。それでも、第四共和制の政治的脆弱性、その慢性的な不安定、財政と通貨の弱さから、フランスの影響力は後退していた。

アルジェリアの喪失は、最後の一撃となりかねなかった。フランス人の大多数は、こうした感覚を抱かずに済んだ。というのは、経済が順調で、完全雇用の状況にあり、生活水準も全般に向上していたからだ。それと同時に、ドゴール将軍が、第二次大戦終結直後と同様に、国民にフランスが世界の先頭グループに属しているとの印象を持たせたからでもある。

1958年、アフリカ訪問

一九五八年のアフリカ訪問でコナクリ〔ギニアの首都〕に降り立った際、彼はこう叫んだ。「こんにちのフランスにとって、植民地主義は終わりました」。植民地主義は終わったが、きわめてドゴール的な言葉である「偉大さ（グランドゥール）」は、終わらなかった。ドゴールはフランスのナショナリズムに勢いを与えたが、それは異なる手段を用いてであった。

植民地帝国の栄光を失い、中級国家となったフランスにとって、この後退を埋め合わせるために、ヨーロッパ統合をめざすことが考えられた。すべての西欧諸国が、同じような経験をしていたではないか。それは、第四共和制の多くのフランスの政治家が構想したことだった。

ドゴールの選択は、まったく違った。確かに、超大国に対抗するために、領土、人口、工業といった基盤の拡充がフランスにとって必要だとは、彼も考えていた。彼は「ヨーロッパ連邦」のアイデアを発表しさえした。しかし、その枠組を定める「フーシェ・プラン」は、パートナーである欧州諸国から拒否された。実際のところ、この計画におけるヨーロッパは、フランスの威信と決定的な影響力のもとでのみ実現可能であった。それは、当然ながら、他の西欧諸国からは決して受け入れられなかった。当面、彼は一国の枠内で、国家の独立性を打ち出す政策を擁護し主張することとした。この目標は、財政立て直しと対外債務の返済も含んでいた。「政策の有効性と野心は、経済の実力および未来の成長と対になるものです」。

一九五九年から、彼は財政再建に取り組んだ。「リュエフ・プラン」——ルイ・アルマンとともに計画を策定した経済学者の名前による——は、不人気な政策となるリスクがあったが、それでも採択された。続いて、プランに沿った一連のオルドナンスが公布された。

将軍は、テレビで次のように述べた。「必要な犠牲と、今後の計画に期待をもって秩序の回復を図らなければ、我が国はいつまでも困難と凡庸の間を往復して、先頭グループに追いつくことはできないでしょう」。国際収支はやがて均衡し、国庫は一億ドルを外国に返済できた。新たな時代の始まりを示すために、象徴的な決定がなされた。一九六〇年一月一日から、「新フラン」への切り替えが行なわれた〔一〇〇旧フランが一新フランとなった〕。アルジェリア戦争にもかかわらず、貿易収支は均衡した状態にあり、債務は返済された。こうしたドゴールの努力は、良好な経済情勢、工業生産の拡大、それに伴う好調な歳入に助けられた。彼は万能の魔術師ではなかったが、一九六〇年代初めに、フランが世界で最も安定した通貨の一つとなったことは事実である。

同時に、ドゴールは軍事的独立へ向けた努力を継続した。彼は、「大西洋への服従」を自らに禁じた。この独立は、安全保障上、近代的抑止力の保有を意味した。一九六〇年二月一三日、フランスは最初の核実験を行ない、米国、ソ連、英国とともに、ごく少数の国からなる「核兵器保有国」の仲間入りを果たした。軍事的独立は、NATO（北大西洋条約機構）との関係にも及んだ。「フランスの防衛は、フランスによって行なわれなければならない」。

この原則が導いた最初の結論は、NATO司令部からのフランスの脱退と、フランス駐留米軍の撤退である。外交では、中東でも、キューバでも、アフリカでも、他に配慮しない態度を貫いた。そして、表面的には対等に、大国の指導者たちを盛大に迎えた。一九六〇年にはニキータ・フルシチョフを、一九六一年にはジョン・ケネディーを歓迎した。実際には、「ショー」的な面があることは否めなかった。NATOとアメリカなしには、独立の実態は大したものではなかったからだ。しかし、ドゴールは自らの哲学に忠実に、「ふりをする」ことを続けた。

将軍にとって、対外政策が最重要であることに疑問の余地はなかった。この点について、ドゴールを崇拝していたフランソワ・モーリアックは、後にドゴールの共和国についてこう書いた。これは、「偉大な治世であった」。この語は明快である。これは、一人の王の、一人の君主の、たった一人の人物による政治である。この政治の特徴は、米国の支配からの脱却である（国防の分野では、実質的であるよりは象徴的であったが）。

しかし、この偉大な政治――彼の支持者によれば、リシュリュー〔リシュリュー枢機卿（一五八五―一六四二年）はルイ一三世の宰相〕の系譜に属する――のために、大統領は内政、世論、有権者に留意しなければならなかった。それが、民主国家に君臨するこの君主の弱点である。彼の命運は、投票を通じて国民が与える同意、支持、気分にかかっていた。

長期にわたり、彼は国民の支持を得た。一九六二年一〇月には、議会で過半数を持たないUNR〔新共和国連合。一九五八年に結成されたドゴール派の政党〕を除いて、すべての会派が直接選挙による大統領選出の計画に反対した。一〇月四日、政府が進めようとしている手続きが憲法違反だとして、ポンピドゥー内閣に対する不信任案が提出され、可決された。政府は、憲法第一一条の規定を用いて、議会での審議なしに国民の声を聞こうとしていた。

大統領は躊躇せずに、一〇月一〇日、議会を解散した。その一二日後、フランス国民は次の質問への回答を求められた。「大統領がフランス国民に提案した、大統領の直接選挙に関する法案に同意しますか」。この時もまた、ドゴールは大統領の職をかけて国民投票に臨んだ。一〇月四日には、彼はこう語った。「皆さんの回答が、私がフランスのために職務を引き続き遂行できるか、遂行すべきかを決めることになります」。そして、一〇月二六日にはこう述べた。「フランス国民がドゴールを否認するのであれば、その歴史的使命の継続は不可能となり、したがってそこで終了することになります」。

反対派は、これは脅しだと非難した。ドゴールの態度はボナパルト的だとして、糾弾された――もっとも、ナポレオン三世は民意を問う際に、帝位をかけたことは一度もなかった。社会党、急進党、MR

Pと独立派は、「ノン」を掲げて連合を形成した。「冒険にノン、憲法違反にノン、絶対権力にノン、未知の領域にノン」。共産党とPSU〔統一社会党。一九六〇年結成の左派政党〕は、否決と同時に一九五八年に樹立した体制の終焉を望んでいた。

しかしながら、一九六二年一〇月二八日、「ウィ」が有効投票の六二％近くを得て、大きな勝利を収めた。ドゴールは、確かに有権者の四六％の賛同を得たにすぎなかった。棄権もしくは白票が、二三％に上ったからである。それでも、将軍の勝利は明白だった。「ノン」連合と共産党は、通常の選挙での支持者を説得することができなかった。国民投票によるゴーリスムは、またしても、政党を超えたところで、その効果を発揮したのである。

引き続き行なわれた一一月一八日と二五日の下院選挙は、国民投票と同様の結果となった。UNRが第一党となり、安定した多数派を得たジョルジュ・ポンピドゥーが首相に再任された。

絶頂期

野党を抑え込むと、将軍は自ら選択した政策を推進することができた。特に、彼にとって最重要だったのが外交政策である。仏独の接近、英国のEEC〔欧州経済共同体〕加盟への反対、核抑止力の米国からの独立である。その後のドゴール外交は、自由フランス以来の、ドゴールが妥協することなく追求してきた独立への意志を再確認するものだった。

一九六四年には、フランスはワシントンの反対にもかかわらず、中華人民共和国を承認した。世界各地への訪問は、将軍にとって米国の帝国主義的支配に反対して、各国が独自の原則を打ち出すよう主張する機会となった。一九六五年には、フランスは金為替本位制を脱退し、米国に債務の返済を金で行なうよう求めた。このため、米国では反フランスの世論が高まった。

この同じ年、彼は欧州経済共同体の閣僚理事会をボイコットし、これは「空席政策」と呼ばれた。一九六六年には、米軍のフランスの基地からの撤退が始まった。米国との距離を示すため、時には派手な行動が取られた。一九六六年九月一日、プノンペンの超満員の競技場での演説で、ドゴールは米国がベトナムで行なっている戦争を厳しく批判した。

一九六七年七月にカナダを訪問すると、彼はモントリオール市庁舎のバルコニーで、「自由ケベック万歳！」〔この発言により、ドゴールはフランス語住民が多数を占めるケベック州の自治拡大を支持したとされる〕と叫んだ。このために、彼はカナダ訪問を早めに切り上げることとなった。

一九六七年には、イスラエルが勝利を収めた第三次中東戦争の直後に彼が表明した態度が注目を集めた。一九六七年一一月一七日の記者会見は、二つの理由から記憶に残るものだ。イスラエルを批判するのに彼が用いた言葉は、ユダヤ人以外も含めて、多くの人に抵抗を感じさせ、一部の人はドゴールを反ユダヤ主義的だとして非難した。

彼はこう語っていた。「強い自信を持ち、誇り高く、支配者的な選ばれた民」。レイモン・アロンは、他の多くの人々と同様に憤慨した。「自由な国において自由にものを書いている一人として言うが、将軍はあえて、意識的に、ユダヤの歴史に新たな一時期を開いた。それは、反ユダヤ主義の時期かもしれない。いまや、再びすべてが可能となった。再び、すべてが始まった。確かに迫害ではないが、そこには悪意がある。侮蔑の時代ではないが、疑念の時代である」。これは、ドゴールとしては少なくとも失言であった。将軍は、これについてベン・グリオンに釈明したが、この失敗はドゴールのパレスチナ占領についての分析が十分に信頼できるものでないとの印象を与えた。その分析は、「この占領は抑圧、弾圧、追放なしには済まない」のであり、これらはイスラエルが「テロリズム」と呼ぶ抵抗を引き起こすだろう、というものであった。彼の目には、国際的な解決以外には考えられなかった。そして、「解決のためには、武力により奪取された領土からの撤退がその出発点とならなければならない」のであった。

ドゴール外交に対する批判がいかなるものであっても（誇大妄想、強迫的反米主義、ナショナリズム）、明らかなのは、一九六〇年代において、フランス国民が再び国際舞台において重要性を獲得した国の国民であることに誇りを感じたという事実である。

フランスの三色旗は、メキシコからカンボジアに至るまで、喝采を受けていた。ミュンヘンでの退却、一九四〇年の敗北、インドシナとアルジェリアでの苦境以来いくつもの屈辱を受けてきたフランスは、将軍の二つ星〔ドゴールの軍帽には、准将の階級を示す二つの星があしらわれていた〕のもとで再度強固な立場を獲得し、大国と渡り合い、各国を支援し、国連の演壇で堂々と大声で演説したのである。

一九六七年八月一〇日の演説で、ドゴールは「かなりの緊張状態にある世界情勢の中で」、フランスは自らの運命を動かすことができると自賛した。「進歩、独立、平和。これらの結合が、我々の政策が追求する目標です」。そして、こう結んだ。

「フランスは、ブロックの枠組から離脱することで、国際的な緊張緩和に向けた全般的な動きの開始のシグナルを送ったかもしれません。大西洋同盟の信者たちにとって、これは彼らの言う孤立でしょうが、世界的に見れば圧倒的な群衆が賛同し、正当だと認めているのです」。

内政を覆う影

将軍の外交政策は、少なくとも彼の人気が絶頂にあった一九六六年まで、フランス国民から幅広い支持を得た。市民の愛国的な感情が満足させられたが、同時にこの政策は、別の側面で左派の世論からも喝采を受けた。

共産党は野党ではあったが、大統領が米国の覇権に異を唱えることを歓迎した。将軍とソ連の良好な関係、NATO軍事機構からの脱退、ソ連への公式訪問（「永遠のフランスの、永遠のロシアへの訪問」）は、共産党と支持者たちに受けないはずがなかった。

第三世界に好意的な政策も、彼の支持層を超えて受け入れられた。一九六六年五月、三〇人ほどの知識人と左派系の人々(エマニュエル・ダスティエ、ジャン＝マリー・ドムナック、ピエール・ル・ブラン、アンドレ・フィリップ、ロジェ・ステファヌ……)が、ドゴールの政策への同意を表明した。「覇権的なブロックへの統合の拒否、拡大し和解したヨーロッパ、非同盟の〝第三世界〟との協力に基づく外交政策」は、左派が拒絶できない政策だった。

一九六七年には、風向きが変わった。将軍の二つの「快挙」、イスラエルとケベックに関する発言は人々から理解されず、批判を受けた。フランス国民は、それまでのイスラエル寄りの政策を強く支持していた。

一九六七年九月の世論調査では、調査対象の六八%がイスラエルに好意的と回答しており、アラブ諸国に好意的なのは六%だった。同じ年の一二月の別の世論調査では、ドゴールの政策について三三%が支持、三〇%が不支持だった(三七%が回答せず)。ケベックの問題については、カナダでフランス語話者に対して英語話者がはるかに優位にあることが知られていなかったために、四五%がドゴールの態度に否定的で、同意したのは一八%にすぎなかった。一方、ヴァレリー・ジスカール・デスタンは、「ただ一人による権力行使」を批判した。

しかしながら、ドゴールが特に苦慮したのは内政である。一九六三年五月には長期にわたる炭鉱ストにより、一時的にではあったが、ドゴールへの信頼が揺らいだ。三月から五月にかけて、大統領の人気は大きく低下した。全般的に見て、経済政策と社会労働政策に関して批判と反対が続いた。ゴーリスムを研究する歴史家ジャン・シャルロは、「相対多数の国民が、第五共和制下で、一九五九年を除いて、フランスの経済状況が改善に向かっていると考えたことは一度もなかった」と書いている。

このペシミズムは、実態とは対照的だった。国民の過半数は、生活水準が下がっていると感じていた。後に「栄光の三〇年」〔第二次大戦終結後から一九七〇年代半ばに至る高度成長期を指す。一九七九年に、経済学者ジャン・フラスティエが、この時代を評して述べた言葉。一八三〇年の七月革命における「栄光の三日間」を参照している〕とやや不正確に呼ばれた時代のさなかにあって、一九七〇年代半ばの危機に先立つ三〇年間、「消費社会」と言われたこの時期を生きていた人々の多数は、自らの将来に不安を感じていた。一九五八年から一九七〇年までの経済成長率は年率平均五・八％であり、これは米国、カナダ、ドイツ、イタリアと英国を上回っていた。

フランス経済は、これまでにない好況にあった。しかし、この急激な近代化はインフレーション、零細企業の経営難、市場の動向に適応できない企業の消滅、近代化が遅れた企業の閉鎖、農村の疲弊といった不都合も伴った。社会労働問題に関連するデモやストライキが、ドゴール政権時代のフランスでは頻繁に見られた。世論とメディアは、良好な国際情勢の中で、フランスを舞台とした経済の変動よりも、「進歩がもたらす弊害」をより鋭く感じ取ることが多かった。

この根強い不満は、政治と選挙の面に影響する可能性があった。

一九六五年に行なわれた最初の直接選挙による大統領選で、人気が高かったドゴールの敗退にかけた人は一人もいなかっただろう。七年の任期が満了に近づいた大統領は、二人の精力的な候補者の挑戦を受けた。左翼統一候補のフランソワ・ミッテランと、将軍の「反ヨーロッパ」政策に強く反対するキリスト教民主主義系のジャン・ルカニュエである。これまでの国民投票の例からして、誰もがドゴールが第一回投票で当選するだろうと予想していた。しかし、そうはならなかった。ミッテラン（得票率三二％）とルカニュエ（同一六％弱）は、ドゴール（四四・六％）を決選投票に追い込むのに成功した。ドゴールは自分の人気は絶大だと考え、軽蔑するかのように選挙運動らしい運動をしなかった。彼はすっかり狼狽し、嘆き、第一回投票の期待外れの結果に引退さえ考えた。側近たちに力づけられ、彼は決選投票に向けては活発に運動し、結局得票率五四・五％でフランソワ・ミッテランを破った。

しかし、彼が夢見た全員一致、結集、フランス国民の団結が幻想でしかなかったと、彼は知らねばならなかった。第五共和制のもとで、いまでは有権者のうちの多くの部分を集めることのできる野党が存在するようになったのである。

一九六七年は対外政策についての反対が具現化した年であったが、それはまた将軍が創始した政治体制を揺るがしかねない下院選挙の年でもあった。共産党はなおも強大で、非共産党系左派（FGDS〔一九六五年結成の左派政党連合。社会党、急進党などが参加し、フランソワ・ミッテランが議長を務めた〕、PSU）もそれに近い勢力を持っていた。民主中道派〔一九六五年の大統領選後に、ルカニュエが中心となって結成した政党。MRPの後身にあたる〕は、大統領選でジャン・ルカニュエが善戦したことから勢いづいていた。これらは、与党にとっては脅威であった。もはや、ドゴールは「政党を超えた高み」にとどまるわけにいかず、正面から野党に対峙する必要があった。

三月四日、彼は国民に向けて演説した。引き続き政策が遂行できるように、議会での多数を与えてほしい。そうでなければ、仕事を続けることができない。「しかし、もし第五共和制が勝利を得るなら、あらゆる希望を抱くことができるのです！」

しかし、結果は期待通りのものではなかった。決選投票の日の晩、ドゴール派が獲得したのは二三三議席だった。左翼は計一九三議席で、これに非ドゴール派の右派の四四議席が加わった。体制の危機は、かろうじて避けられた。しかし、ドゴール政権の力の衰えが見られた。

憲法に基づくドゴール将軍の政治原則と、自由民主主義の通常の慣行との間には、矛盾が現れていた。彼が創始し、「国民が直接に国民に対して権力を行使する、本質的に、また特例的に民主的であり国民に属する」と定義する政治制度によって、彼は長期的に「事実によって正統性を付与され、国民の信頼を基盤とする最高の権威」を作り上げることができたと考えていた。一世紀続いた多党制と、フランス国民間の極度な分断が、彼が平和と団結をもたらす指導者としての立場を得ることを可能とした。

しかし、彼の意図せざるところであったが、大統領の直接選挙を制度化したことで、政治勢力の二分化が促進された。それは、二回投票制によるものだった。政党を軽蔑していた彼は、それでも自らの権力が多数派を占めるドゴール派政党を基盤としていると不承不承でも認めなければならなかったし、英国保守党の党首がそうするように、自分の党を応援しなければならなかった。彼が創出した「選挙に基づく君主制」は、その限界を露呈させた。ただでさえ実現が難しい団結に、ほころびを生じさせたからである。全員一致の理想に対して、アルジェリア戦争以後は、民主主義に特有の対立が再び姿を現した。与党対野党の二元性を作り出すことで、第五共和制は新たな段階に入り、夢であった「結集（ラサンブルマン）」の基盤を掘り崩した。

多元的社会と代表制民主主義は、非難の対象となっていた第四共和制の亡霊であるだけではなかった。それは大統領制民主主義が葬り去ったと思っていたが、いまでは対峙しなければならなくなったもう一つの民主主義の形態の構成要素なのであった。

当初、ドゴールは新しい共和国の樹立と植民地時代に終止符を打つことで、フランス国民を団結させることに成功した。それは、「再生」のための二重の基盤となった。

しかし、彼は自らの政策への全員一致の同意の維持には失敗した。結集の必要性を確信していた彼は、直接選挙による二回投票制の大統領選挙を制度化することで、意に反して左右の二つの陣営に分裂した政治を作り出すことに寄与した。大統領選の決選投票では、不満を持つすべての人々が、唯一の野党候補にはけ口を見出した。

こうした状況を見込んで、左翼各政党は統一候補を押し立てたのである。一九六二年――アルジェリア戦争終結と、大統領選挙直接投票制についての国民投票――以来、もはや神聖同盟は存在しなかった。

6. 退場——一九六八年五月から一九六九年四月二七日まで

1968年5月30日、シャンゼリゼでのドゴール派のデモ

猶予　ー　比類なき二つの足跡

「一〇年は長すぎる！」

一九六八年五月に登場したスローガン

「一〇年は長すぎる！」

六八年五月の喧騒の日々に登場したこのスローガンは、王政支持にして王殺しという、フランスのパラドックスを表している。

第五共和制の初期以来、そしてそれ以上に一九六二年以来、フランスは強固な国家組織と、安定した政治体制を持つようになった。一九六八年四月の世論調査によれば、国民の満足度は全般的に評価に値するものであった。将軍に対する支持率は六一％に達していた。

しかしながら、個人中心で権威主義的なスタイルは、アルジェリアの悲劇の時代には適していたが、植民地時代が終わってからのフランスにはそぐわなくなっていた。加えて、権力の個人化は、不満の種を首相に対して以上にドゴールに集中させた。

一九六八年五月の危機が、警鐘を鳴らした。

六月初め、この運動に反対しながらも、学生たちの「見出されざる革命」と呼んだレイモン・アロンは、強大な権力の弱点を強調した。行きすぎた中央集権化、希薄な議会の存在、あらゆる中間団体の弱体化……。彼はこう書いた。「体制は、すべての安全弁を撤去してしまった」。ここには、自由主義の立場からのゴーリスムに対する批判が見られる。アロンによれば、ゴーリスムは「あらゆる事故、または小さな事件でも起これば、全体の見直しを迫られる不条理にまで体制を追い込んだ」のであった。

与党は、一九六七年の選挙以来、下院でかろうじて過半数を確保しているにすぎなかった。与党にとって幸いだったのは、野党が共産党、社会党と中道派の間で分裂していたことだ。

一九六八年五月二二日の内閣不信任案の採決では、野党は賛成票二三三票を集めることができたが、可決には二四四票が必要だった。

五月危機のさなかで、大統領と首相からなる政権の双面のヤヌスがイニシアティヴを握るはずであった。ところが、ドゴールもポンピドゥーも、さらには大臣と議員の大半もそうであったが、危険を感じていなかった。首相が気を取り直して有効な対策を打ち出した一方で、ドゴール将軍は五月三〇日まで、この理解を超える危機に対して無力感を漂わせていた。後から見ると、外遊が中止とならなかったことに驚かされる。ポンピドゥーは、五月二日から一一日までイランとアフガニスタンを、ドゴールは一四日から一八日までルーマニアを訪問した。五月三日に始まった学生運動も、五月一三日に宣言されたゼネストも、明らかにその危険性が的確に捉えられていなかった。

五月二四日に、危険は明らかとなった。

当然ながら、ドゴールは自らが自然に備えている権威、その輝かしい弁舌、その影響力によって、また一九六〇年と六一年にそうであったように、彼を中心としてすべての国民が連帯することで秩序を回復し、反対勢力を打ち破れるものと考えていた。

この日の夜八時、彼は短いテレビ演説を行ない、その中で「参加（パルティシパシオン）」〔労働者が勤務先の企業の決定や利益の配分に参加すべきとするドゴールの考え方。戦後の臨時政府が決定した企業委員会（経営者と、選挙で選ばれた従業員代表等により構成される事業所内の協議体で、主として福利厚生等に関する権限を持つ）の設置がその一例ともされる〕に関する国民投票の実施に触れた。否決されれば、彼は辞任すると述べた。

これは、彼の自信のなさの表われだっただろうか。あるいは、倦怠によるものだろうか。いずれにしても、この演説は不発に終わった。危険な状況を打開するどころか、疲労しているとの印象を与えたために、反対勢力はかえって勢いづいた。

五月二七日に、労働組合の代表、経営者団体と政府が結んだ「グルネル合意」が、ゼネストのためにフランス全体がマヒ状態になる中でルノーの労働者たちにより拒否された時、体制の危機が始まったと言うことができる。憲法と政治におけるドゴールの業績は、突如としてその基礎から揺らいでいるように見えた。これをいかにして守るか。そして、誰の手で。

この体制は、またしても左翼の分裂によって守られることになる。ＰＣＦとＣＧＴ〔労働総同盟。共産党系労働組合〕は、より左寄りの勢力が影響力を増すことを警戒して、当初より反極左の立場を取っていた。一九六五年以来、彼らの戦略は明快だった。共産党は、フランソワ・ミッテランが議長を務めるＦＧＤＳとの左翼連合の結成を模索していた。一九六七年には選挙協定が結ばれ、共産党はさらなる前進を期待した。学生運動の最左派勢力は革命を望み、それに向けての行動に共産党を引き入れようとしていたが、同党にはそうした意図はまったくなかった。ウルトラ左翼の渇望の代弁者となったジャン＝ポール・サルトルによると、共産党は「革命を恐れていた」。同党は、事実上ドゴールと共犯関係にある、というのであった。

一方、学生運動は非共産党系左派、わけてもCFDT〔フランス民主労働同盟。自主管理などを主張する労働組合〕の共感を得ることに成功していた。そのために、この組合は五月二七日にUNEF〔フランス学生全国連合。左派系の学生組合〕とPSUがシャルレティ競技場で開催した集会に参加した。ピエール・マンデス・フランスは沈黙を守りつつも、この集会に保証を与える形となった。新たな左翼勢力が姿を現した。「いまや、革命が起こり得るのです」と、CGTとPCFを脱退したアンドレ・バルジョネは主張した。

翌五月二八日、フランソワ・ミッテランは記者会見で、大統領選への立候補を表明するとともに、マンデス・フランスの名前も挙げた。一方で、マンデス・フランス自身は、「統一左翼」が要請するなら、首相に就任し責任を果たす用意があると述べた。

反マンデス・フランスの共産党は、大衆運動における指導的立場を奪われまいとして、反政権の二つの潮流の統一を拒否しつつも、新たなデモの実施を呼びかけた。五月二九日、予想外の事態が起きた。CGTのデモ隊が街路を占拠する中、ドゴールが急遽パリを離れたとの報がもたらされた。権力の空白が、明確になった。その日の晩、ピエール・マンデス・フランスは報道陣に、前日にフランソワ・ミッテランが提唱した「事務処理暫定内閣」の首相となる用意があると表明した。与党内は、恐慌状態に陥った。

大臣たちは、荷物をまとめ始めた。野党陣営では、中道派の指導者ジャン・ルカニュエがこう宣言した。「ピエール・マンデス・フランスが自由を保障し、欧州統合に向けた政策、また社会的政策を遂行するなら、我々は彼が選ぶ人材について異論を差しはさむつもりはない」。

しかし、翌五月三〇日、ドゴールは予告なく再び姿を現し、ドゴール派の反撃が始まった。

猶予

ドゴールは、バーデン゠バーデンから戻ってきた。

彼は、ドイツ駐留フランス軍司令官のマシュ将軍と面会していた。その理由は何だったのか。こんにちでもなお、このごく短い逃走劇の解釈については異なる意見がある。没後に出版されたジョルジュ・ポンピドゥーの著書『真実を明らかにするために』によれば、将軍は打ちひしがれ、国外逃亡の意思を持っていた。「マシュ将軍が、勇気、自由な表現、過去の想起、軍の忠誠の保証などを用いて、将軍の決意を変えさせ、さらには正反対の態度を取らせることに成功した」。この証言は、ル・ポワン誌一九八三年一月一〇日号の記事において、マシュ将軍の副官だったリシャール大佐によって、裏づけられた。しかしながら、この証言に対し、政治学者フランソワ・ゴゲルは、シャルル・ドゴール研究所の雑誌エスポワールの一九八四年三月号で異論を唱えた。元憲法評議会委員のゴゲルは、心理的、政治的な動機に関するある誤解を解こうとした。彼によれば、バーデン＝バーデン行きは「世論に決定的なショックを与えるためであった。パリを離れたのは政権を投げ出そうとしていたからではなく、むしろ事態の掌握の始まりだった」。よくあることだが、事実はこの二つの正反対の主張の中間に見出せるのかもしれない。ドゴールは、意気阻喪に対する免疫を持っていたわけではない（一九四〇年のダカールの失敗について、「確かに、私はすべてを投げ出す誘惑にかられた」と述べている）。それでも、彼は危機を乗り越え、態勢を立て直し、再び立ち上がることができた。軍人として、彼は戦略的退却の有効性も知っていた。マシュを訪問したのは、心理的な支えのみを求めてのことではない。彼は態制立て直しの可能性について

1968年5月30日シャンゼリゼでのドゴール派のデモ

1968年5月29日、バーデン＝バーデンからヘリコプターで帰国したドゴール

知ろうともしていた。

いずれにしても、ドゴールは派手な復帰を果たした。首相は、国民投票を当面見送り、下院を解散して選挙準備を行なうよう戻ってきたばかりの大統領を説得した。するると、彼は五月三〇日午後四時半にラジオでフランス国民に「市民としての義務」を果たすよう呼びかけるとともに、打倒すべき相手を名指しした。「全体主義的な共産主義」である。

同じ日、その少し後、議会での最後の本会議終了後、ドゴール派の巨大なデモ行進が数十万人を集めてシャンゼリゼを覆いつくした。先頭に立ったのはアンドレ・マルロー、ミシェル・ドブレら、将軍の閣僚と、その他の政治指導者たちである。

翌五月三一日、地方で大規模なドゴール支持のデモが多数組織された。六月一日、それまで不足していたガソリンがガソリンスタンドに再びあふれた。この日は土曜日で、週末の始まりだった。事態は逆転した。選挙が、政治的対立から社会を正常に戻す役割を果たした。極左は、「選挙は裏切りだ！」とのスローガンを叫んだ。しかし、危機の高まりが終了したことは、誰にでもわかった。

実際、すべてが平常に戻りつつあった。六月六日には、ＥＤＦ（電力公社）、製鉄業界、ＲＡＴＰ（パリ交通公団）が正常化した。リュマニテ紙は、こう見出しに掲げた。「統一の中で、勝利とともに労働が再開された！」共産党機関紙は、「闘争の末に勝ち取った勝利の中」での労働の再開を妨げようとする人々を攻撃した。確かに新たな労働争議によって、経済活動の再開にはブレーキがかかったが、ストと、混乱と、暴力に疲れた世論の支持を得た政府がいまでは主導権を握り、攻勢に転じていた。

六月一六日、何週間も前から占拠されていたソルボンヌで、学生らが排除された。六月一八日には、ルノー工場でのストが終了した。

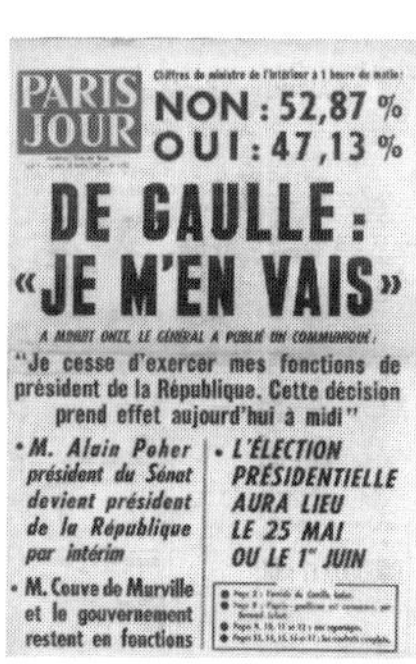
PARIS JOUR

Chiffres du ministre de l'Intérieur à 1 heure du matin :

NON : 52,87 %
OUI : 47,13 %

DE GAULLE : «JE M'EN VAIS»

A MINUIT ONZE, LE GÉNÉRAL A PUBLIÉ UN COMMUNIQUÉ :

"Je cesse d'exercer mes fonctions de président de la République. Cette décision prend effet aujourd'hui à midi"

• M. Alain Poher président du Sénat devient président de la République par intérim

• M. Couve de Murville et le gouvernement restent en fonctions

• L'ÉLECTION PRÉSIDENTIELLE AURA LIEU LE 25 MAI OU LE 1er JUIN

1969年4月28日、国民投票結果

六月二三日と三〇日の選挙はドゴール派が勝利し、議席の四分の三を占めて、まさに「またと見出しがたい議会」（復古王政下での一八一五年の議会選挙で、王党派が多数を占めた際に、ルイ一八世がこう述べたとされる）となった。しかしながら、この勝利はドゴール将軍の勝利だったとばかりは言えない。彼は、少なくとも当面、国民投票をあきらめざるを得なかった。彼は、この危機を通じて権威を高めた首相が提案した解決法を受け入れざるを得なかった。ドゴール派の議員数がこれまでになく多くなった時点において、ドゴールの信頼性は大きく揺らいでいた。彼は、これまでにない危機に直面して、対応能力をいくらか失っていた。彼は、威信を取り戻さねばならなかった。選挙後、ジョルジュ・ポンピドゥーに代えて、彼はモーリス・クーヴ・ド・ミュルヴィルを首相に任命した。ドゴールは、自ら事態を掌握しようとしていた。

外交政策に専念するあまり、主要な国内問題は自らが築いた強固な国家機構の力によって解決できると彼は考えていた。

五月危機は、市民の新たな要望を彼の目に明らかにした。

そのため、ドゴールの国家は直接民主主義の最高の手段、すなわち国民投票によって社会的関係の改革を実行しようとした。一つのキーワードが、ドゴールが提唱する改革の精神を表現している。「参加」である。一九六九年四月の国民投票は、二つの質問への回答を求めた。地域圏〔複数の県からなる、より広範囲の自治体〕の創設と、上院の刷新である。地域圏議会と新たな上院は、経済・社会・文化活動を代表するはずであった。左派および中道派の諸勢力は、「ノン」を主張した。特に、ヴァレリー・ジスカール・デスタンは反対票を投じるよう推奨し、それによって右派の一部が反対に回ることで、ドゴール将軍の失脚を引き起こした。

国民の信任を問うという国民投票のコンセプトに忠実に、一九六九年四月二七日の投票結果〔「ウィ」四七％、「ノン」五三％〕が判明すると、大統領はその晩に辞任を表明した。

一九六八年五月初めに始まった危機は、一九六九年六月一五日に終結を見た。この日、大統領選挙の決選投票で、ジョルジュ・ポンピドゥーが政権を獲得した。

比類なき二つの足跡

自由フランスと第五共和制というドゴール将軍が残した二つの足跡は、フランス現代史で他に例を見ないものである。一九一七年のクレマンソーの政権復帰、また一九二六年のポワンカレの再登場はあった。しかし、いずれも、救世主であった後に、立法者の役割を演じたわけではない。六八年五月の危機は、ドゴールにとって致命的となった。フランスのために並外れた貢献をした人物を権力の座から追ったフランス国民は、やや恩知らずだったと言えよう。

ドゴールは、国民投票での敗北後間もなく、一九七〇年一一月九日に亡くなった。けれども、彼の生涯と足跡を国家的な伝説に変えるのは、人々の集団的記憶の役割であった。

7. 伝説の中のドゴール——何者だったのか？

1959年、オルレアンのジャンヌ・ダルク祭でのドゴール

ドゴールとフランス国民 ー 舞台裏

「最も困難なのは、理想を持っている時に現実的であり続けることだ。
そして、現実を見た時に、理想を持ち続けることだ」

アラン・ペルフィット *C'était de Gaulle* より

世論調査が多数行なわれる時代におけるドゴール将軍の人気は、一九五八年の政権復帰から一九六九年の国民投票での敗北までの間に、彼とフランス国民の間に他に例を見ない関係が築かれたことを示している。フランス世論調査研究所（ＩＦＯＰ）の調査結果を見ると、この期間を通じて、彼の活動に「満足」している人々は、常に「不満」な人々を上回っていた。

支持率のカーブを見ると、下落が明確なのは、一九六三年に多くの人々の支援を受けた炭鉱ストの時期だけである。しかし、この時期においてもドゴールへの支持は四二％を下回らず、不支持を二％上回った。この例外を除けば、国民は圧倒的に大統領を支持した。アルジェリア戦争の期間中は七〇％を超え、その後も五五％から六五％の間にあった。彼の最後の失敗の直前の世論調査でも、支持率は五三％であった（不支持は三三％）。

これらの数字は、強い印象を与える。政権復帰後の一〇年間、第五共和制の創始者は――変動しつつも確実に存在した彼に対する批判がどのようなものであれ――、国民との間の一致をほぼ全期間を通じて実現していた。彼は、この一致なくして統治する権利はないとも述べていた。彼の後を継いだ大統領たちは、任期途中で亡くなったジョルジュ・ポンピドゥーを除いて、このように長期にわたる国民の同意を得ることができなかった。

ドゴールとフランス国民

一九七九年に刊行されたドゴールの写真集に、注目すべき二枚の写真がある〔ここで触れられている写真は、凡例で記したシャルル・ドゴール財団掲載の写真を参照いただきたい。〕。一枚目は、一九六二年六月に、将軍が好んで行なった地方視察の際に、ドール〔仏東部ジュラ県の小都市〕で撮影されたものだ。眼鏡をかけた中年男性が警備をすり抜けて、大統領の頭部を両手で抱えるようにしている。「抱きしめさせてください、将軍……」。この熱狂状態は、時として神聖な熱情に変わった。

二枚目は、アンリ・ビュロー〔一九四〇―二〇一四年。報道写真家〕が撮影した、コロンベイ＝レ＝ドゥー＝ゼグリーズでのシャルル・ドゴールの葬儀の写真である。棺を載せた装甲車が、村のメインストリートをゆっくりと前進する。群衆は、通りの両側に設置された鉄柵の内側で、一列目に並ぶ憲兵の後ろに集まっている。しかし、一人の青年が、この二重の防御にもかかわらず、上半身を前方に投げ出して、装甲車を覆う三色旗から数センチ離れた車体部分に手で触れるのに成功した。手で触れ、抱きしめ、握手する。何百万人ものフランス人が、将軍の生前から亡くなるまで、こうした行為を試みた。

一九四〇年以来、特にフランス解放後、ドゴールは崇敬の対象となり、崇拝者はますます増えていった。一人の英雄が何回も暗殺の対象となり、毎回奇跡のようにして生き延びたことも、さらに魅力を膨らませた。彼は、天により守られていたのである。

彼に対する、国民の（そして、時には外国の群衆の）例外的な崇敬の態度を合理的に理解するには、三つの理由が見出せよう。いずれも、何世紀も以前からの神話にその源泉を求められるものだ。

ドゴールはまず、救世主の神話を体現していた。

ドゴールの葬儀

彼は、一九四〇年の動乱において、祖国が戦争に敗れ、侵略者の屈辱を受ける中、この国民のもう一つの姿を見せるべく「ノン」と言うことができた、六月一八日の使者として永遠に記憶された。精神力の人は、決して屈することなく、一歩も譲らなかった。これは、後から与えられた栄光だろう。というのは、英国のラジオで流された彼の呼びかけを聞いたと自慢できるフランス人は少数だったからだ。

しかし、これがドゴールの栄光の原点である。

この信じがたい冒険から、ドゴールとジャンヌ・ダルクを同一視する向きもあった。確かに、両者には類似点がある。分裂した国、敵に踏みにじられた国土、当然神の摂理が、ただの羊飼いの少女を、准将に昇進したばかりの軍人を、かつては王国を、現代では祖国を救うための行動に駆り立てたのである。フランス国民の集団的記憶のうちには、必ずしも明言はされなくとも、フランスが特別な選ばれた国であるとの確信が見られる。反抗的で、団結できないが、奇跡の国でもあるフランス。ありそうにもない聖カタリナにせよ、疑わしい大天使ミカエルにせよ、慈悲深い聖母マリアにせよ、クロヴィスの洗礼の聖油をもたらした白い鳩にせよ、父なる神そのものにせよ、フランスはドンレミー〔ジャンヌ・ダルクが生まれた村。ジャンヌはここで聖カタリナらの声を聞いたとされる〕からルルドに至るまでの、ラ・サレット〔一八四六年に聖母が出現したとされる、仏南東部イゼール県の村〕からコロンベイに至るまでの、定期的に天から使いが舞い降りる聖なる土地でなければならないのである。

この救世主のイメージは、さらにいくつもの付随的な、あるいは補完的なイメージにより増幅される。たとえば、ドゴールは解放ばかりでなく、平和をももたらした。誰もが、一九四四年八月二六日のシャンゼリゼのパレードの素晴らしい写真〔第4章93頁〕と、『大戦回顧録』の一節を記憶にとどめているだろう。「蜂起したパリ、解放されたパリ……」云々。懐疑精神の持ち主は、幻想だと嘲笑うかもしれない。結局のところ、ドゴールは必要なかった。いずれにせよ、フランスの国土を解放したのはアメリカ軍なのだから、と。そうだろう。

しかし、ドゴールの優れた点はまさに、ルクレール師団の戦車が先頭を切って、その一〇日前から蜂起していたパリに進入することを可能にし、それによって解放の大きな喜びを彼の軍帽の上に集めることができたところにある。

彼はまた、平和ももたらした。フランスのレジスタンスを統一し、（ギリシャやユーゴスラヴィアでのような）内戦の勃発を阻止し、そしてそれにも増して植民地帝国の時代に終止符を打ったからである。アルジェリー・フランセーズを支持する少数派はいつまでも彼に恨みを抱いたが、大多数の人々にとってドゴールは、フランスの国力を蝕み、危機に陥れた植民地戦争の泥沼からこの国を救った人物であった。

ドゴールが体現した二つ目の強力な神話は、結集者のそれである。この力を表わすのは、その他のどの写真よりも、彼が繰り返し群衆の前で両腕を「V」の形に上げた時のものである。ありふれた情念とつまらない対立を超えたところから、彼は集まった群衆を通じて国民に呼びかけ、群衆も喝采でこれに応えるのである。このポピュリスト的、「反体制（アンチ・システム）」的な次元（指導者と大衆の直接的な関係性）は、恐らく、一七八九年以来一致団結することができなかった国民の要求に応えるものだった。

群衆の前で「V」の字を示すドゴール

しかし、これはまた非政治性の危険な誘惑を感じさせるものでもあった。第三共和制・第四共和制期における反議会主義、一九四〇年のペタン元帥への熱烈な歓迎、こんにちの「エリート」と政党に対する批判は、一つの重要な政治的潮流の延長線上にあり、それは対立のある社会に対する恐怖と参加型民主主義の拒絶であり、その必然的な帰結は強権の希求である。

フランスの場合、二つの政治的傾向が、ラウール・ジラルデ（歴史家（一九一七－二〇一三年）。パリ大学教授などを歴任。代表的著作に『政治的神話』がある）の言う「一致団結の神話」を作り上げた。右派においてはレジティミスム（正統王朝派）の後裔であり、左派ではジャコバン主義の継承者である。この二つの流れは、「派閥」への批判と、民衆は一つという考え方において一致していた。カトリックであるとともに共和主義者だったドゴール将軍は、一にして不可分の国民の中で具現化されたフランス人同士の交わりの祭式を司る大僧正となった。「神聖同盟」の理想に忠実に、政党を結成せず、彼は「結集（ラサンブルマン）」だけを追い求めた。ドゴールの相談相手だったアラン・ペルフィットは、こうした渇望を批判した。「彼は国民の堅固な多数派という基盤を得なければ、自身の役割を果たすことができない。将軍はなかなかこの事実を受け入れられなかったが、徐々にこれに同意した。全員一致の夢は、消滅した。幸いなことに！」

それでも、左右対立の否認、政党を超えたところに位置しようとする意志は最後まで残った。これは、王党派ないしはボナパルティストの古いコンセプトに違いない。というのは、ドゴールは理性の共和主義者、国民の意思による共和主義者であったからだ。

それでも、彼は自由民主主義の基盤をなす政治的多元主義の原理を甘受しようとはしなかった。いずれにしても、彼は危機的な状況に際して、フランス人の一致団結を体現することができた。結集させるためには、ドゴールは団結を自ら表現する必要があると信じていた。彼は、苦しみながらも、運命に選ばれた者のように、統一の実現という任務を負っていると信じていた。

彼は『大戦回顧録』に、こう書いた。「仲間たちに対しての我々の大義の運命を、フランス人の大衆に対して希望の象徴を、外国人に対しては試練の中にあっても服従しないフランスを体現するということが、私の取るべき行動を規定し、私にもはや変更できない態度を取るよう強制した。私にとって、それは常に、内的な強い圧力であると同時に、重いくびきになっていたのである」。

救世主的人物で、人々を結集させたシャルル・ドゴールは、彼の名声を長期にわたり根づかせた三つ目の役割を果たした。彼は、偉大な立法者であった。一九五八年に、一部の人々がやむなく将軍の政権復帰を受け入れたのは、具体的な理由によるものであった。それは、第四共和制が実現できなかった平和の再来である。

一九六二年にアルジェリア戦争が終結すると、政界関係者の多くは、当然ながら彼がコロンベイに引退することを希望した。共和政時代のローマで、重大な困難を解決するために時限的に独裁者に権力を託し、任務が終了するとお礼とともに別れの言葉を述べたように。畑を耕している時に政権担当を要請されたキンキナトゥス〔紀元前五世紀のローマ共和制時代の政治家。引退していたが、ローマの危機に際して要請されて独裁官に就任。危機を解決し、再び引退生活に戻ったとされる〕は、任務を果たし終えると、正しくもまた畑仕事に戻ったのである。ドゴールはそうではない。彼はローマの例よりは、古代ギリシャに近かった。彼は、都市国家に基本的な法を付与する人物、当代のソロン、現代のリュクルゴスだったのである。

先述の写真集に掲載されている、パルテノンの前でポーズを取るむしろ珍しい将軍の写真を見ると、この点が思い出される。彼には、古代の英知がしみわたっていたかに見える。混乱と、喧騒と、統治不能の事態が起きたところに、立法者が調和を生み出す。誤解してはいけない。立法者は、憲法学の専門家ではない。彼は、霊感を得た人物である。

マキャヴェリは、明確に書いている。「神を信じない国に、異例の法の制定者が現れたことがないというのは真実である。というのは、そうでなければ、これらの法は受け入れられなかったからだ」。

そして、ルソーもまた『社会契約論』において、立法者は「崇高な理性」を持ち、「神の権威」を後ろ盾とし、「一般大衆」の上位に位置するとした。「誰でもが神々を語らせたり、また自分は神々の代弁者だと称して信じてもらえるわけではない。立法者の偉大な魂は、彼の使命を証明する真の奇跡である」。

これまでの一五にも及ぶ憲法の後で、ようやくフランス人全体から受け入れられるまたと見出しがたい憲法を作業台の上に再度置くためには、少なくとも救世主と国民を結集させる人物が必要であった。ルソー的な観点からすると、問題なのは立法者の機能が常に政府から分離されていなくてはならないことだ。「人々を支配する者が法を支配してはならないのなら、法を支配する者も人々を支配してはならない」。ところが、ドゴールはこの二つの職務を兼ねた。しかし、これによって彼の栄光は損なわれるどころか、より輝いたのである。ジャン＝ポール・サルトルが「完全な著述家」（哲学者、小説家、政治文書作者、ジャーナリスト、劇作家、作詞家……）と呼ばれたように、ドゴールは、フランス人の想像世界において完全な政治家、自らの音楽を演奏させながらも、あらゆる楽器を演奏できる指揮者なのである。

祖国と社会の救済者であり、仲間同士で殺し合った同国人たちを結集させる者であり、第五共和制の立法者であるドゴール将軍にとって、これらの役割は彼の冒険の当初から不可分一体であった。

この真実と神話的なものがうまく同居していた聖なる三位一体が整合性を保てたのは、この芸術家による凝った演出のお陰であった。彼の発言と著書は、彼を並外れた人間の姿で表わす上で効果を発揮した。それでも、演出家としての才能も、外的状況（戦争、敗戦、アルジェリア戦争）も、彼の成功を説明するのに十分ではない。ドゴールのイメージが、集団的意識においてこれほどの尊敬と熱狂的な愛情を得ることができたのは、非常にアンビヴァレントな部分を持つ彼の人格によるところも大きい。

ドゴールは、軍とは政治権力にとっての道具でしかないと考える軍人である。この点は、常に変わらなかった。陸軍士官学校で受けた教育、軍でのキャリア、彼の持つ教養により、彼は間違いなく、「偉大と屈従」を含めて、フランス軍の一員であった。

しかし、戦略に熱中し、特権階級意識とは無縁な彼は、常に同僚から嫌われるように行動した。戦前は機械化部隊に関する見解によって。一九四〇年に、派手な不服従の行動によって（「偉業を成し遂げる人々はしばしば、偽の規律への見せかけの服従を無視しなければならなかった」）。またアルジェリア戦争の最中も……。軍人らしくない軍人である——小さな二つの星、勲章のついていない上着、古めかしい軍人気質とは無縁で、常に軍事を政治に従属させようとする意志の持ち主。

他方で、ドゴールは民主的な君主であった。彼の目には、国民には進むべき道を指し示す指導者が必要であり、自らが国家の頂点を占めると、本格的に個人的権力を行使した。ル・カナール・アンシェネ紙は、毎週、サン＝シモン公（一六七五―一七五五年。ルイ一四世と摂政時代のフランス宮廷を描いた『回想録』で知られる）風の「宮廷」と題したコラムを連載した。威厳に満ちた文体、仰々しい感覚、世襲ではないが歴史的な正統性、それらのすべてが君主制の象徴と比較できた。

しかし、この君主制は選挙制で、監視機能も備えていた。国民投票のたびに、彼はエリゼ宮に居続けるべきかを賭けた。一九六九年に初めて「ノン」を突きつけられると、彼はエリゼ宮を去った。また、普段の将軍はごく素朴で、平凡な、打ち解けた様子を見せることもあった。彼は神であっても、陽気な神なのである。先の写真集で、大統領が一九六七年にサッカー・フランス・カップの決勝をパリのパルク・デ・プランス競技場で観覧した際に、偶然ピッチから飛んできたボールを受け止めた写真を見ると、

1967年5月21日サッカーボールを返すドゴール

1969年5月10日、アイルランド旅行中のドゴール

人はつい微笑んでしまう。彼はごく普通の観客のように、両腕を伸ばして、スポーツマンのようにボールを投げ返した。これを見て、試合をテレビ観戦していた何百万人ものフランス人は大喜びした。

ドゴールは、普遍性を探求するナショナリストである。彼は祖国に対する信仰心を持っていたが、それは排他的なものではなかった。「ナショナリズムとは、自らの国民を称揚し、他を貶めるものです。ナショナリズムとは、エゴイズムです。さて我々、我々が望むのは、すべての国民が国民的感情を明示することなのです」。そうは言っても、ナショナリストである彼はこうも主張した。「フランスは世界の光です。その精髄は、世界に光をもたらすことにあります」。他者を快く迎え入れ、心が広く、フランス人になりたいと望む男女をその出自を問わずに受け入れる偉大なフランスを、彼は信じていた。同時に、彼はフランスばかりでなくすべての国について、国家主権の思想を擁護した。それぞれの国民が、二つの超大国、また帝国に対抗して、持てる主権を生かせるように。

フランスのナショナリストがこれほど外国で尊敬されたことは、かつてなかった。トルコでは、小さな商店で彼の写真が、ブリジット・バルドーの写真の横で売られていた。どこであれ外国訪問の際に、彼は訪問先の文化とナショナル・アイデンティティーに敬意を表して、現地の言葉を暗記した。「フランスの権威は精神的なものです。アフリカで、アジアで、南アメリカで、我が国は人種間の平等と、人権と、国民の尊厳の象徴なのです」。フランス国民は、彼を通じて愛されることを好んだ。

さらに例を挙げ続けることもできる。ドゴールは、雄弁なスフィンクスである（彼は秘密裏に行動し、沈黙を好み、自身が下す決断によって人々を驚かせるために、神秘的な空気を醸成した。それと同時に、彼はテレビ放映される記者会見の魔術師ともなった）。彼はマキャヴェリ的だとされるとともに、清廉の士だとも見られた（比類なき戦術家で、敵を分裂させ、偽の噂を流させた……。同時に、模範的な夫、父親であり、完全に清潔な人物であるという善良なイメージがあった）。彼は現代的であるとともに古風であり、ペシミストであるとともに活動的であり、心が広いとともに恩知らずだった。彼は、自分をプラグマティックな理想主義者に見せた。「最も困難なのは、理想を持っている時に現実的であり続けることだ。そして、現実を見た時に、理想を持ち続けることだ」。間違いなく、これらのアンビヴァレンスが隠す豊かさは、それが個人の特質であれ、思想であれ、ドゴールを分類しようとする試みを無効にすることに寄与してきた。ほとんどの政治家には色分けがあり、それに従ってどんな言動をするかが予想可能で、当人たちが考えているよりも退屈である。ドゴールは最後まで同時代人を驚かせ、面食らわせ、怒らせ、あるいは魅了した。

一九六九年の国民投票の失敗とドゴール将軍の退陣は、フランス国民が自らに課した通過儀礼だと解釈することもできる。フランス国民は偉人のカリスマ的な力に頼ることをやめ、守護神なしに生きることにした。要するに、大人になった。つまり、民主主義者になったのである。それはさらに証明される必要があったのだが。

結局のところ、ドゴール将軍のパーソナリティーと行動は、「偉人たち」の役割と、フランス国民の特質について、私たちを問いたださずにはおかない。

歴史を、その栄光の時と後見人たる重要人物たちを通じて描く「国民史（ロマン・ナシオナル）」の不正確さと単純化

――「劇場型の歴史」――に反対して、いくつもの歴史学派――マルクス主義学派とアナール学派――が集団的歴史、さらには無名の歴史、に存在意義を与えた。ジョルジュ・デュビーが、「平凡な人間」の歴史と呼んだものである。

しかしながら、歴史上の事件や重要な政治的アクターを軽視しがちなこうした視点を放棄することはなかったが、歴史家たちは徐々に、かつては「事件中心」だとして批判された政治史を再評価するようになった。人々の行動、信仰、風俗は政治から分断されているわけではなく、また政治は大衆行動や経済、人口などの基本的な社会の潮流によってのみ動くものではない。

個人も、歴史の流れを変えることができる。個人は常に客観的必然により左右されるが、受け身になるだけでなく責任を引き受け、流れを変え、決定論に従うことなく方向性を与えることができるのである。

一九一七年のボルシェヴィキ革命は、全体的コンテクスト、個別的な状況と歴史的遺産を知らなければ、理解不能である。しかし、それと同時に、ある一人の人物、レーニンの力を考慮しなければ、やはり理解不能なのである。ドゴール将軍は、二〇世紀における歴史を、少なくとも自国の歴史を、方向づけした何人かのうちの一人なのである。

舞台裏

しかしながら、「偉人」、「救い主」、「救世主的人物」を必要とするということは、フランス社会の基盤の脆弱さを示す症状ではないだろうか。何世紀も続く分裂——宗教的、社会的、文化的、イデオロギー的——によって、開かれた社会の中で正常な対立関係を制御することができず、フランス社会はいまだに至上の審判者、結集者、さらには指導者を必要としているかのように、すべてが進んでいく。ある者はこの習慣を、決して相容れることのない政治勢力を生んだフランス革命の結果だとする。別の者は、異質な要素から成り立っているため、フランス国民は個人が体現する権力のもとでなければ存在することができないからだと解釈する。私たちの議会制共和国——第三および第四共和制——は決して安定化せず、時として過激な体制批判に直面してきた。

ポール・リクールの言葉によれば、民主主義社会は「対立的コンセンサス」の上に成立している。この矛盾を伴う表現が意味するのは、近代社会は利害においても、信仰においても、目的においても、全員の同意を得られはしないが、意見の相違から生じる対立は、規則および妥協と、仲裁の手続きに関するコンセンサスに基づき解決されるべきであるということである。

そのコンセンサスとは、協議と、法と、選挙である。かかるコンセンサスが不在の場合には、偉大な人物の登場が必要となる。ドゴールにとって、フランスは「頭」を必要としていた。彼は、『希望の回想』にこう書く。「それがなければ、個人主義、多様性、我々の不幸の遺産である分裂を原因とした我々の特徴である派閥の増殖により、国家はまたしても、中身のないイデオロギーの衝突、小さな勢力同士の競争、長く続かず効果もわずかな内政と外政の真似事の舞台となってしまう」。

この意味において、ドゴールの存在は、フランス国民にとって栄誉として誇れると同時に、集団的な弱点の表われでもあった。フランスが発明したとして自慢する民主主義に、フランス国民は適応できていないのである。

結集し、統一する。分裂を招く政党を貶める。これに、ドゴールは一時期成功した――アルジェリア戦争と、それに引き続く時期に。しかし、全員一致の夢はあきらめねばならなかった。

偉大な人物は、神ではない。しかし、民主主義に適していないフランス人の想像の中にある政治的世界において、王の姿が消滅したとは言えない。後に大統領となるエマニュエル・マクロンは、二〇一五年にこう語った。「民主主義のプロセスのうちには、一人不在の人物がいます。フランスの政治では、この不在の人物とは王なのです。私は、基本的に、フランス国民は王の死を望んでいなかったと考えています」。

稀に見る共和主義的君主であったドゴールは、死してなお語り続けているのである。

『シャルル・ドゴール』著者インタビュー

問：二一世紀のフランス人にとって、〈ドゴール〉を〈反逆者〉の語と結びつけるのは矛盾のように感じられますが。

著者ミシェル・ヴィノック（以下MW）：この語を理解するためには、一九四〇年六月一八日にロンドンのラジオで放送された呼びかけが、いかなる性格を持っていたかについて想像してみる必要があります。当時、准将に昇進したばかりのドゴールは、軍の頂点にいたわけではありません。
　その彼が、ペタン元帥が計画していたドイツとの休戦協定を拒絶し、フランス国民に戦闘の継続を呼びかけたのです。ドゴールに従う者は、ほとんどいませんでした。英首相ウィンストン・チャーチルだけが彼を支援し、自由フランスの指導者となることを可能にしたのです。命令に従わなかったために、ドゴールは欠席裁判で死刑を宣告されました。

問：あえて外側に位置することにより、ドゴールは二度にわたって中心的な位置を占めることに成功したと言えるでしょうか。

MW：〈外側〉に位置しようと意図した、と見るのは正確ではありません。最初にドゴールの名が知られるようになったのは、陸軍大学校が教え、軍の最高司令部に広く共有されていた戦略思想を批判したためです。彼は、主として攻撃型戦車を活用した機動戦を提唱しました。彼は政治家を説得しようと試みましたが、耳を傾けたのはポール・レイノーだけでした。しかも、すでに遅すぎました。
ドゴールが〈外側〉に位置したのは、ペタンとの関係においてです。
なぜなら、彼はドイツとの休戦に反対し、抵抗するよう呼びかけたからです。フランス解放後に臨時政府議長となると、ドゴールは復活した代議制民主主義のルールに従いますが、議会多数派が新憲法に関する彼の考えに賛同しないと見ると、辞任して〈外側〉に位置することを選択します。第四共和制の制度に批判的なドゴールは、有利な情勢と軍の支持を背景に政権に復帰し、フランス国民に新たなルール〈新憲法〉を提案します。新憲法草案は、国民投票で八〇%の賛成を獲得しました。

問：〈共和主義的君主〉と呼ばれたドゴールは、民主主義を強化したと言えるでしょうか。

MW：これには二つのパラドックスがあります。一つには、第三共和制と第四共和制の連立政権は不安定でしたが、その状況が長く続いたお陰で民主主義が強化されたことがあります。もう一つは、強すぎる大統領権限が、国民投票制によって和らげられたことです。ドゴールは、任期中何度も、国民投票により信を問いました。私の提案が拒否されるなら辞任する、というわけです。実際、一九六九年の国民投票は否決され、彼は退陣しました。
さらに、彼は大統領の直接選挙制を敷きました。この制度では、第一回投票での上位二者のみが決選投票に進むことができますが、これが左右の対決を促すことになりました。つまり、与党と野党の政権交代が可能になったのです。これは、私の見るところでは、代議制民主主義の核心にあたります。ドゴールは政党政治を拒否し、結集（ラサンブルマン）を志向していましたが、理性の狡智によって、意に反して二大政党制を実現したのです。

問：ドゴールの信念はその深層において変わることがなく、機を見るに敏な部分はなかったと言えるでしょうか。もちろん、状況を利用することはあったのでしょうが。

MW：一九五八年までは、ドゴール将軍が政治的天才だったとは言えません。彼は、議会に自分の考え方を受け入れさせるのに二度失敗しました。彼は臨時政府議長を辞任しますが、政党間の対立が解けずに、再び政権を担当するよう要請されるとの幻想を抱いていました。一九四七年に結成したフランス国民連合（RPF）は、失敗に終わりました。一九五八年までのドゴールは、政治的敗者の側にいたのです。しかし、この年の五月には、彼は完璧に役を演じきって政権に返り咲きました。その際に、彼は五月一三日のアルジェでの反乱と、反乱に対する軍の事実上の支持を非難することを差し控えたのです。この際、彼は確かに有利な状況を利用したと言えます。しかし、彼の信念は少しも変わっていませんでした。それは、フランスの偉大さ、強力な国家の必要性、市民の合意を得て国を指導することの必要性です。

問：一九六九年に、ドゴールは変わることのない自らの信念の〈犠牲〉となったと考えますか。急速に変わるフランスと彼の間に、ギャップが生まれていたのでしょうか。

MW：ある意味では、その通りです。一九六八年の、「一〇年は長すぎる！」というスローガンを思い出してください。それでも、ドゴールが国民投票に訴えたのは、いわば変化への要求に応えて、大幅な政治制度の改革を意図したためです。その結果、彼は退陣に追い込まれるのですが。彼の政敵は進歩派ばかりではなく、保守派の中にもいました。右派でこの改革への反対派の先頭に立ったジスカール・デスタンの態度、あるいは上院の頑強な抵抗〔ドゴールが提出した改革案には、上院と経済社会評議会との統一が含まれた〕が、必要な改革を実施することで時代に適合しようとした将軍の失敗を説明しています。彼が提唱した地域圏は、後になって実現しました。上院はと言うと、いまも当時と変わらずに存在します。自らの進化には、いまなお消極的なようです……。

問：年とともに、ドゴールのイメージは明快でなくなったように思えます。〈ドゴールの遺産〉で、後世に残るものは何でしょうか。

MW：没後、ドゴールに対する見方は、状況とともに変化しました。彼が亡くなってから、誰もがゴーリストだと自称した時期がありました。共産党員が市長の自治体も、躊躇なくドゴールの名を通り、あるいは広場に与えたのです。彼に関する記憶は、そのときどきの為政者と比較されることで、利用されてきました。自由フランスの記憶は、第五共和制の創始者よりもレジスタンスの指導者のイメージを優先させるという結果を生みました。しかしながら、第六共和制の樹立を主張する人々は、十分な説得力を持っていませんでした。現在の〈共和主義的君主制〉、あるいはドゴール自身の言葉を借りれば〈選挙による君主制〉が、彼の遺産が強固なものであることを示しているのかもしれません。この制度は修正が可能なものですし、実際に何回も修正されてきましたが、強固な基盤を形成しているのです。

◆本インタビューは、左に記載されたホームページの翻訳である。
http://www.gallimard.fr/Media/Gallimard/Entretien-ecrit/Entretien-Michel-Winock.-Charles-de-Gaulle/(source)/318185

1962年8月22日	パリ近郊ル・プティ＝クラマールでOASによるドゴール暗殺未遂事件
1962年10月28日	大統領の直接選挙制が国民投票で可決
1964年1月27日	フランス、中華人民共和国を承認
1965年12月5日	大統領選挙第1回投票で、ドゴール首位となるも決選投票へ ミッテランとの決選投票で再選（同19日）
1966年	フランス、NATO軍事機構を脱退。これに伴い、米軍フランスより撤退
1967年3月	下院選で、ドゴール派がかろうじて過半数を維持
1967年7月24日	カナダ訪問中、モントリオール市役所のバルコニーから「自由ケベック万歳！」と叫ぶ
1968年5月	学生運動に端を発した反政府運動が全国に広がり、13日よりゼネスト開始 同24日、ドゴール、テレビ演説で国民投票実施の意向を表明 同29日、ドゴール、秘密裏にバーデン＝バーデン訪問 30日、下院解散と繰り上げ選挙の実施を表明。同日、ドゴール派シャンゼリゼでデモ行進 6月の下院選でドゴール派圧勝
1969年4月27日	上院改革と地方制度改革を問う国民投票が否決され、ドゴールは大統領を辞任
1970年	プロン社より、『希望の回想』第1巻を刊行（第2巻は未完で、1971年出版） 11月9日、コロンベイ村の自宅で動脈瘤破裂のため死去。12日、コロンベイ村の教会で葬儀。教会の墓地に埋葬される

1943年6月	アルジェにフランス国民解放委員会（CFLN）を設立。ドゴール、ジローとともに共同議長となる（ジローは11月に共同議長をはずれ、ドゴールが単独で議長に）
1944年6月3日	フランス共和国臨時政府樹立。ドゴール、臨時政府議長となる
1944年6月6日	連合軍、ノルマンディーに上陸 同14日、ドゴール、仏本土に上陸しバイユーで演説
1944年8月25日	パリ解放。翌26日、ドゴールを先頭に臨時政府関係者、自由フランス軍がシャンゼリゼを行進
1944年11-12月	ドゴール、ソ連を訪問。12月10日、モスクワで仏ソ条約に調印
1945年10月21日	国民議会選挙と国民投票実施。憲法制定国民議会が成立
1946年1月20日	ドゴール、臨時政府議長を辞任
1946年5月5日	国民投票で新憲法草案否決
1946年6月16日	ドゴール、バイユーで演説し、強力な行政府を中心とする新体制の樹立を主張
1946年10月13日	新憲法草案が国民投票で可決（同27日に公布）
1947年4月14日	フランス国民連合（RPF）を結成
1947年10月	RPFが市町村議会選挙で大勝利を収める
1951年6月	下院選でRPFは第一党となるも、野党にとどまる
1953年	RPF分裂。ドゴール、コロンベイ村に引退
1954年	『大戦回顧録』第1巻をプロン社より刊行。その後、第2巻が1956年に、第3巻が1959年に刊行される 同年11月、アルジェリア戦争開始
1958年5月13日	アルジェで反乱派が総督府を占拠し、公安委員会を設立
1958年6月1日	ドゴール、議会で信任を得て首相に就任
1958年9月28日	国民投票で第五共和制憲法草案可決（10月4日に発布され、翌5日第五共和制成立）
1958年12月21日	ドゴール、大統領に選出
1960年	アフリカのフランス植民地が次々と独立
1960年1月8日	アルジェリア民族自決に関する国民投票で、賛成多数
1960年2月13日	フランス、初の核実験をサハラ砂漠で実施
1961年4月21日	アルジェで将軍たちによるクーデター未遂事件
1962年3月18日	エヴィアン協定調印。アルジェリア戦争終結

シャルル・ドゴール年表

年月日	出来事
1890年11月22日	シャルル・ドゴール、リールに生まれる
1908年	サン＝シール陸軍士官学校入学
1912年	同校卒業。卒業順位は13番。第33歩兵連隊に配属。連隊長はペタン大佐
1914年8月	第一次大戦が勃発。ベルギー領ディナンの戦いで脚に負傷
1916年2月	ヴェルダン近辺でドイツ軍の捕虜となる。脱走を試みるが失敗し、終戦までドイツで捕虜生活を送る
1921年4月7日	イヴォンヌ・ヴァンドルーと結婚。三人の子供をもうける
1922年	陸軍大学校に入学
1924年	初の著書『敵国の不和』をベルジェ＝ルヴロー社より刊行
1925年	軍事高等評議会副議長フィリップ・ペタン元帥の官房勤務となる
1929年9月	レヴァント駐留軍に配置換えとなり、家族とともにベイルートに赴任
1932年	『剣の刃』をベルジェ＝ルヴロー社より刊行
1934年	『職業軍をめざして』をベルジェ＝ルヴロー社より刊行 コロンベイ＝レ＝ドゥー＝ゼグリーズ村（オート＝マルヌ県）のラ・ボワスリ館を購入
1937年	大佐に昇進。第507戦車連隊長となり、メスに駐屯
1938年	『フランスとその軍隊』をプロン社より刊行
1939年9月	ドイツ軍ポーランドに侵攻。仏英、ドイツに宣戦布告 ドゴール、第5軍戦車隊長代理となる
1940年5～6月	第4機甲師団長となり、モンコルネ（エーヌ県）とアベヴィル（ソンム県）でドイツ軍の前進を阻む 6月、臨時で准将に昇進。同6日、レイノー内閣国防担当閣外相となる（16日まで） 17日、レイノーに代わり首相となったペタンは、ドイツに休戦条件を照会。ドゴールはロンドンに飛び、18日、BBCラジオで抵抗を呼びかける 自由フランスを設立
1941年9月	フランス国民委員会設立。ドゴール、議長に就任
1942年6月	自由フランス軍、リビアのビル・ハケイムで独伊軍の前進を阻止し、初の軍事的成功を収める

◆本書関連図書

Charles de Gaulle, *Le Fil de l'épée*, Librairie Berger-Levrault, 1932; Plon, 1971.
シャルル・ド・ゴール『剣の刃』（小野繁訳）、葦書房、１９９３年（文春学藝ライブラリー、２０１５年）

Charles de Gaulle, *Vers l'armée de métier*, Librairie Berger-Levrault, 1934; Plon, 1971.
シャルル・ド・ゴール『職業軍の建設を！』（小野繁訳）、不知火書房、１９９７年

Charles de Gaulle, *Mémoires*, Gallimard, « Bibliothèque de la Pléiade », 2000.
『ド・ゴール大戦回顧録』全６巻（村上光彦・山崎庸一郎訳）、みすず書房、１９９９年
『希望の回想』（朝日新聞社外報部訳）、朝日新聞社、１９７１年

Charles de Gaulle, *Discours et messages*, Plon, 5 vol., 1970.

Charles de Gaulle, *Lettres, Notes et Carnets*, Plon, 10 vol., 1980-1987.

Maurice Agulhon, *De Gaulle, histoire, symbole, mythe*, Plon, 2000.

Jean-Pierre Azéma, *De Munich à la Libération, 1938-1944*, Seuil, « Points-Histoire », 1979.

Jean-Luc Barré, *Devenir de Gaulle, 1939-1943*, Perrin, « Tempus », 2011.

Serge Berstein, *La France de l'expansion. La République gaullienne 1958-1969*, Seuil, « Points-Histoire », 1989.

Jean Charlot, *Le Phénomène gaulliste*, Seuil, 1970.

Jean-Louis Crémieux-Brilhac, *La France libre. De l'appel du 18 Juin à la Libération*, Gallimard, 1996.

Julian Jackson, *A Certain Idea of France, The Life of Charles de Gaulle*, London, Allen Lane, 2018.
仏訳版 *De Gaulle, Une certaine idée de la France*, Seuil, 2019.

André Malraux, *Les chênes qu'on abat*, Gallimard, 1971.
アンドレ・マルロー『倒された樫の木』（新庄嘉章訳）、新潮選書、１９７１年

François Mauriac, *Bloc-notes*, Seuil, « Points », 5 vol., 1993.

Alain Peyrefitte, *C'était de Gaulle*, de Fallois, 3 vol., 1994-2000.

Jean-Pierre Rioux, *La France de la IVe République*, Seuil, « Points-Histoire », 2 vol., 1980.

Éric Roussel, *Charles de Gaulle*, Gallimard, « Biographies NRF », 2002.

歴史の中のドゴール——「訳者あとがき」にかえて

1．フランスと救世主的人物

一七八九年の革命以降、フランスは他に例を見ないほど多くの体制変更を経験してきた。第一共和制――その間にも、国民公会、総裁政府、執政政府という、三つの異なる時期を数える――、ナポレオン一世の帝政、第一期復古王政、ナポレオンの百日天下、第二期復古王政、七月王政、第二共和制、第二帝政、第三共和制、特殊な時期としてのヴィシー政権、第四共和制、第五共和制である。体制が倒れるのは、ほとんどの場合革命、あるいは敗戦によるものだ。

こうした大きな危機ばかりでなく、体制の変更には至らずとも、政治体制に対して重要な影響を及ぼす危機も繰り返し起きた。一八四八年の六月事件、一八七一年のパリ・コミューン、一八八〇年代末のブーランジェ事件、一九三四年二月六日の下院議事堂（ブルボン宮）前での騒乱事件、一九六八年五月の出来事などが、それに当たる。その多くを、本書の著者ミシェル・ヴィノックは、『フランス政治危機の100年』（邦訳吉田書店刊）で取り上げている。

こうした危機に際して、待ち望まれるのが救世主的人物（オム・プロヴィダンシエル）である。フランス国民は、国が一人の人物によって体現され、国民がその人物を先頭に一致結束することを好む――少なくとも、こうしたイメージを好むのではないだろうか。フランス史上で、救世主と目された人物は複数存在する。ナポレオン一世がそうであった。彼の登場が、革命期の不安定と混乱を収拾したと言うことはできるだろう。彼による権力の掌握は、軍人としての華々しい活躍をその正統性の根源としていた。そして事実、強権をもってフランスを安定させたが、一八〇四年には共和国を葬って自らが〈フランス人の皇帝〉となった。その治世下では戦争が続き、ついには敗戦に至る。一八七〇年の普仏戦争での敗北と第二帝政の没落後に登場したアドルフ・ティエールも、救世主的人物と見られた。彼に期待された役割は、ドイツ軍の占領下に置かれ、方向を見失ったフランスを立ち直らせることであった。もっとも、一八七一年三月にはパリ・コミューンが首都パリの権力を掌握し、ヴェルサイユに拠点を置いたティエールの政府は、五月末に軍を用いてコミューンを徹底的に弾圧した。〈血の週間〉である。

一九二六年に首相に復帰したレイモン・ポワンカレも、救世主的人物と見なされた。この年、ポワンカレは財政危機とフラン暴落の中で挙国一致内閣を組織し、財政再建に努めた。彼が期待されて登場したのは、第一次大戦の苦しい日々に、大統領として全国民の結束を象徴したことから、再度挙国一致を実現できると考えられたためだと、歴史家ジャン・ガリーグは言う。

一九三四年二月六日の下院議事堂前での騒乱事件の直後、議会の信任を得たばかりの首相ダラディエが辞任すると、大統領アルベール・ルブランは政界を引退して故郷の南西部トゥルヌフイユに隠棲していた元大統領ガストン・ドゥーメルグに組閣を要請した。彼は、キンキナトゥスのように迎えられた。ジャン・ガリーグによれば、第四共和制下の一九五二年に首相に就任したアントワーヌ・ピネイも、フラン危機の際に登場したことから、救世主のように見られたという。

しかし、救世主的人物で忘れてはならないのがフィリップ・ペタンである。第一次大戦の英雄ペタン元帥は、一九四〇年六月一六日、ポール・レイノーの辞任を受けて首相となるや、ドイツに休戦条件を照会した。六月二二日に休戦協定が締結されると、彼は七月一〇日にはヴィシーでの上下両院合同会議で全権委任を受け、〈フランス国（エタ・フランセ）〉の国家元首に就任する。一九三四年のドゥーメルグ内閣で陸軍大臣を務め、また長年にわたり軍事高等評議会副議長の職にあった彼は、敗北における軍の責任を全面的に否定し、ブルム、ダラディエら第三共和制の政治家にその責任を負わせようとした。そのペタンは国民から救世主として迎えられ、彼自身もまた自らをフランスの化身として演じるのに余念がなかった。彼こそが、ドイツによる欧州新秩序の中で、フランスの再生を体現する人物と見られたのである。一九四四年に至るまで、フランス各地を訪問した際の彼の人気は絶大であった。しかし、フランス解放とともに、ペタンはすぐに忘れられ、再び注目を集めたのは一九四五年七月に始まった裁判の際であった。

そのペタンに代わって救世主となったのがドゴールである。彼が一九四〇年六月一八日に、ロンドンからBBCの電波でフランス国民に〈抵抗（レジスタンス）〉を呼びかけた時、この放送を聞いたフランス国民はわずかであった。ドゴールに合流した人々は数も限られ、ほとんどがごく普通の兵士たち、将校であっても年齢も若く、軍の幹部とは言えない人々だった。有力な政治家や高級官僚で、自由フランスに合流した人々はほぼ皆無だった。

メルス・エル・ケビールにおける英艦隊によるフランス艦隊攻撃、ダカール攻略の失敗などの試練にもかかわらず、ドゴールはあきらめることなく闘いを継続し、ついには一九四四年八月二五日に、解放されたばかりのパリに入城した。翌二六日、ドゴールを先頭にシャンゼリゼを行進する自由フランス軍を、大群衆が喝采した。

ドゴールは一九五八年に、再び救世主的人物として登場する。一九五四年から続くアルジェリア戦争を、第四共和制の歴代内閣が終結に導けずに行き詰る中、この年の五月一三日に、アルジェでの出来事によりドゴールの政権復帰が実現した。彼は国民投票を経て新憲法を公布し、第五共和制を発足させる。これによって、ドゴールは目標としていた、大統領を中心とする強力な行政府を持つ体制を実現させたのである。

現在までのところ、ドゴールはフランス史上最後の救世主的人物と言えるだろう。

2. 統一と分裂

ドゴールは『大戦回顧録』の冒頭に、〈フランスに関するある観念〉を若い頃から持っていたという有名な一文を残している。この一節を読むと、彼がフランスを一人の人間のように捉えていたことがわかる。フランスは一つであり、そうでなければならない。これは、決して特別な考えではない。ピエール・ロザンヴァロンは、フランス革命に関わった人々が、当初より〈統一(ユニテ)〉への意志を持っていたと

『フランスの政治モデル』に書いている。革命のプロセスが始まった時点から、統一と平等は最重要課題であり、また不可分だと認識された、とロザンヴァロンは言う。ミシュレもまた、フランスを一人の人物と捉えていた。『政治的神話』でのラウール・ジラルデの指摘によると、彼は、個別的なもの、特殊なもの、ローカルなものなどの〈個人的な利害の混乱〉に対して、パリが〈近代的精神の高貴にして純粋な一般化〉の勝利をもたらしたと主張したという。

かねてより政党を中心とした議会政治に反対の考えを持っていたドゴールは、共和国臨時政府議長を辞任後、一九四七年に政治運動を立ち上げた。フランス国民連合（Rassemblement du peuple français）と命名されたこの運動体は、彼にとっては〈政党（パルティ）〉ではなく、名称も〈ラサンブルマン〉とされた。この点は、きわめて重要である。ラサンブルマンとは結集、団結、連合である。これに対して、政党を意味するパルティ（parti）は、語源的に〈一部〉を表している。これでは、全国民の統一、一致、結束を表すことができない。以後ドゴールの流れを引き継ぐ政治運動は、実態は政党であっても〈党〉を名乗らず、現在の〈共和派〉（Les Républicains）まで引き継がれている。

ミシェル・ヴィノックは、『フランスの肖像』で、ドゴールが創設した政治運動にラサンブルマンの語を冠した理由を解説して、こう書いている。

彼［ドゴール］が求めたのは〈結集（ラサンブルマン）〉である。これは彼の政治哲学にとっては、最も重要な言葉で、一九四七年に彼が結成したＲＰＦにも用いられている。そこには、二つの収斂する傾向を見て取ることができる。それは、君主制の思想と、ジャコバン的思想である。君主制の思想とは、フランスの声は一つでなくてはならないというものだ。その声は、全員を代表する一人の人物の声であり、その人物は神の摂理によって選ばれたか、もしくは国民の投票によって選ばれなければならない。(中略)ジャコバン思想とは、一般意思の思想であり、党派の拒否、私的利益の軽視である。フランスは一つであり、フランス国民もまた一つしかない。(中略)それは、分裂を招く政党制を否定することだ。それは、必然的に指導する立場の行政府の立場を強めるのである。

しかし、統一、結集、結束を求めるのは、それが困難であるからに他ならない。フランスは、むしろ分裂していたことのほうが多かった。教権派と反教権派の対立、ドレフュス事件における国論の二分、対独協力を進めるヴィシー政権とレジスタンスの闘いなどは、その最たるものであろう。小田中直樹は『フランス現代史』で、「フランスは、さまざまな領域において、そして、さまざまな争点をめぐって、重層的に対立してきたのである」と指摘している。

一七八九年の革命以前のフランスは、さまざまな面で分裂していた。身分制の観点からも、地方の特性の観点からも。それを一つにまとめていた唯一の存在が、王であった。しかし、革命は身分制を廃するとともに、当初は立憲君主制を志向し、神授の王権を否定した。代わって国民を結びつける絆が必要となった。その時に、中間団体を経ずして、直接的に一つの総体を、〈一体となった社会〉を作るという意思が、当初より革命の政治文化において形成された、とロザンヴァロンは書く。

ドゴールは、一七八九年の革命派と同じ意味で一致を求めていたのではないにしても、彼がフランス解放直後に国民の一致結束を求めたのは、ヴィシー政権を支持する勢力（その内部には、またさまざまな異なる傾向を抱えていた）とレジスタンス（こちらも、また内実は多様である）の激しい対立の年月の後であるだけに、当然だったと考えられる。しかも、彼にとって国民の一致団結は、フランスの〈偉大さ〉のためには不可欠だった。それゆえ、解放後の新生フランスにおいて、分裂を伴うと彼が考える政党が主役となる議会政治を排して、大統領を中心とする強力な行政府の設立を可能にする新憲法の制定を試みたのである。しかし、これは共産党と社会党などの反対により実現しなかった。ドゴールは、一九四六年一月二〇日に、臨時政府議長を辞任し、この年の六月一六日、ノルマンディーのバイユーで演説して、権力の分立に基づく（すなわち、議会を権力の源泉としない）強力な行政府を持つ体制の構想について説明することになる。それに先立つ五月五日には、有権者は国民投票により、最初の新憲法草案を否決していた。

ドゴールは二度フランス国民の団結を実現した。フランス解放の直後、ドゴールは国民の多くの部分から支持され、またレジスタンスに加わったすべての政治勢力が、共産党も含めて、ドゴールが率いる臨時政府に加わった。

もう一度は一九五八年の政権復帰の際である。この年の六月一日に、ドゴールは第四共和制の最後の首相として議会の信任を得て内閣を組織したが、ほぼすべての政治勢力が与党となり、例外は共産党と、ドゴールの政権復帰の条件を問題視し、信任を拒否したピエール・マンデス・フランスとフランソワ・

ミッテランら少数にとどまった。

しかし、この団結は長くは続かなかった。先述のように一九四六年一月に、彼は臨時政府議長を辞任した。一九五八年には、政権復帰の時点で彼を支持した社会党が早くも翌年閣外に去るなどして政権の基盤が縮小し、一致団結した国民の支持を得ているとは言えなくなった。結局、挙国一致が実現したのはフランスが危機に直面している時期に限られた。

自らが政党を超えたところにあると主張したドゴールであるが、直接選挙による大統領選出を制度化したことで、彼はかえってフランスの政治的分裂を助長したとも言えるだろう。ドゴール退陣後の一九七一年、社会党第一書記となったフランソワ・ミッテランは共産党と手を組むことによって政権交代の実現を構想し、一九七二年には社会党、共産党と左派急進運動の三党間の共同綱領に合意して、左翼連合を結成する。これ以降、左右対立がフランス政治の基本構造となり、左翼連合は一九七七年に解体するものの、一九八一年にミッテランが大統領に当選し、第五共和制史上初めて政権交代が実現する。それ以後、二〇一七年に〈右でもなく、左でもない〉、もしくは〈右でもあり、左でもある〉と主張するエマニュエル・マクロンの大統領選出まで、左右対立が続いたのである。

3. 共和主義的君主制――第五共和制大統領の個人的権力

第五共和制は、しばしば〈共和主義的君主制〉と呼ばれる。ドゴールが、国家には〈頭〉が必要だと考えていたことにはヴィノックも本書中で触れているが、その〈頭〉とはフランスを体現する一人の指導者である。しかし、フランスはもはや君主制国家ではない。フランス国民は共和制を支持しており、それゆえにドゴールも、彼は生来の共和主義者ではなかったけれども、共和制を支持した。したがって、国家の〈頭〉は、国民から選ばれた大統領であるべきであった。第三・第四共和制の大統領は政治的権限が限定され、選出方法も上下両院合同会議による間接選挙であった。ドゴールにとっては、それでは十分な正統性を持ちえない。一九六二年の国民投票を経て、彼が大統領の直接選挙を制度化したゆえんである。

選挙により正統性を与えられた大統領は、大きな権限を持つだけに、重要な政策については国民投票を通じて国民の信を直接問うべきである。これが、ドゴールが描く最高権力者の姿であった。実際、彼は何度か国民投票に訴えた。第五共和制憲法制定のため、アルジェリア戦争の終結に向けて、大統領の直接選挙による選出に関して、彼は国民投票を実施し、多数の有権者の賛成を得た。一九六九年四月二七日の、地方分権化と上院改革をめぐる国民投票で反対が賛成を上回ると、ドゴールは即座に辞任した。ミシェル・ヴィノックは、『政治日記――ドゴール時代一九五八－一九八一』の一九六九年四月二七日の項にこう記した。

　ドゴールは、結局のところ、国民の意思を尊重することで有終の美を飾った。あまり民主的とは言えない体制の頂点における、最後の民主的な行為であった。

　第五共和制の大統領は君主のような存在である。ドゴールは、自らそれを演出した。テレビ演説ではカメラを前に一人で、記者会見では会見場の壇上に一人で、手振り身振りを交えて話す様子は、彼が唯一の権力者であることを示していた。フランスの独立と偉大さを追求するドゴール外交も、渡辺啓貴が『シャルル・ドゴール――民主主義の中のリーダーシップへの苦闘』で指摘するように、「文字通りドゴールというひとりの人間の力量そのもの」によっていた。ドゴールは孤高の権力者であり、その権力は不可分であり、共有されることはなかった。

　象徴的な面から言うなら、ドゴールは時折軍服を着て姿を現した。彼の軍帽には、准将の階級を表す二つの星があった。もちろん、大統領となった彼はもはや軍に属してはいない――大統領として、軍の最高司令官であるとしても。ラウール・ジラルデによれば、軍服を着用することで彼の演説の信頼性が高まり、権威も増したのだという。

　ジャン・ガリーグによれば、第五共和制憲法はドゴールのために〈オーダーメード〉で作られた。彼以後の大統領には大きすぎる衣装ではないかとも言われてきたが、一九六四年の著書『恒常的クーデター』で第五共和制の制度を痛烈に批判したフランソワ・ミッテランも、自らが大統領に当選するとこの制度を最大限に活用した。

それでも、ドゴール以降、第五共和制は少しずつ改革された――これによって、変質したと言えるかもしれない。最大の変化は、大統領任期の短縮であろう。第三共和制以来七年であった任期は、二〇〇〇年の憲法改正により五年となり、二〇〇二年に始まる大統領任期（シラクの二期目）から適用された。同時に、下院選挙が大統領選の直後に実施されるようになり、下院選は大統領選の結果を追認する役割を負うようになった。これは、一九八六－八八年、一九九三－九五年、一九九七－二〇〇二年の三度にわたる〈コアビタシオン〉（大統領の所属する党派と下院の多数派が異なり、そのため大統領と異なる党派を与党とする内閣と大統領が共存する事態を指す）の再現を妨げるという狙いがあった。フランスでは米国のような中間選挙の仕組みがないため、大統領選の重要性が以前にも増して大きくなり、権力の集中がさらに進んだというのが大方の見方である。同時に、もともと弱かった議会の力は一層低下したとされる。

このため、〈第六共和制〉の樹立を求める声も聞こえてくる。それは、主として左派からのものだ。二〇〇一年に、社会党の若手議員アルノー・モントブールは大統領権限を制約し、首相を実質的な行政府の長とする、議会を強化した第六共和制を提唱した。二〇一二年と二〇一七年の大統領選に立候補したジャン＝リュック・メランションは、新憲法の制定を公約に掲げた。

すぐに大きな制度の変更が実現するとは考えにくいものの、大統領への権力集中に問題があるとの見方は、広がりつつあるようである。

4. 期待と失望

フランス国民の国家に対する期待は、常に大きなものがある。そして、その国家の頂点にある大統領は、ほとんどオールマイティーであるかのようだ。何らかの問題があれば、フランス人は国家に、すなわちその〈頭〉である大統領に解決を求める。解決を求める団体や個人の思想傾向や現大統領への支持の有無とは別問題で、支持していなくとも大統領に対処を求めるのである。

歴史的に、フランスは国家の枠組の中でのみ存在してきた。もともと、フランスという地域や、フランス人という集団が存在したわけではない。ヴィノックが『フランスの肖像』に書いたように、フランスは地理ではなく、歴史なのである。フランスは、必然により作られたのではない。これが、フランス人の国家に対する期待の強さを生んだのだろうか。

国家と大統領への期待は大きいが、それは大統領個人や選挙公約に対する期待が高いことを意味しない。二〇一七年の大統領選挙の例で見ると、第一回投票の投票率は七七・七七%で、一位のエマニュエル・マクロンの得票率は二四・〇一%であった。マクロンとマリーヌ・ルペンが対峙した決選投票では、投票率は七四・五六%で、当選したマクロンの得票率は六六・一〇%である。マクロンの圧勝であるが、有権者数との比率で見ると、彼が獲得した二〇〇〇万票余りは、実は有権者数の四三・六一%でしかない。つまり、彼はフランスの有権者の半数以下の票しか得ていないのである。こうした比率は、これ以前の大統領選でもさほど変わらない。二〇〇七年選挙でのニコラ・サルコジの場合、この比率は四三％余りである。一九六五年のドゴールでも、比率は四五％弱となる。どの大統領も、登録有権者数の過半数以上の得票をしたことはなかったのである。唯一の例外は二〇〇二年のジャック・シラクであるが、この選挙では極右国民戦線のジャン＝マリー・ルペンが、大方の予想を覆して決選投票に進出するという大激震があった。

実のところ、フランス国民の大統領に対する期待は、選挙結果とはほぼ関係がないようだ。フランスの政治不信には根深いものがあり、国民が政治家に大きな期待を抱いているとは言えない。むしろ、先に述べたように、国家の〈頭〉たる大統領であれば、国民が直面する問題に対して解決策を講じるべき、という基本的かつ形式的な考え方があるように思われる。大統領の所属政党や思想傾向に関わらず、大統領という職務を通じて、たとえ国民の一部の要求であれ、他の国民の要求と矛盾するものでも、国家はそれに応えるべきとの考え方が根底にあり、それが党派や政治的傾向を超えて、広く共有されているのではないだろうか。どこかで大統領をかつての王に擬している側面があるのもしれない。

それでも、希望が叶わなかった時の失望は大きい。これが毎回、新大統領が誕生するたびに起きているのが、近年のフランスではないだろうか。ドゴールの時代は、経済学者ジャン・フラスティエが〈栄光の三〇年〉と呼んだ高度成長期にあたり、フランス人の生活は急速に近代化した。失業率は低く、可処分所得も伸び、経済面での不満は少なかったはずである。ドゴールは大統領在任中、高い支持率を誇った。彼がフランス国民――少なくともその一部――からノーを突きつけられるには、一九六八年五月まで待たねばならなかった。

しかし、高度成長期が終ると、失業の増大をはじめとして陰りが見られるようになる。移民が社会の問題として認識されるようになるのも、一九七〇年代からである。ヴァレリー・ジスカール・デスタンの任期は、当初成人年齢引き下げや人工妊娠中絶合法化といった改革があったものの、後半は〈栄光の三〇年〉の終了に伴い緊縮策を採用するに至り、政権は次第に不人気となった。

一九八一年のフランソワ・ミッテランの当選は、第五共和制で初の左派政権の登場だっただけに、大きな希望を、特に左派の支持者に与えた。ミッテランは任期の初めに主要企業の国有化や、不況克服のための大幅な財政出動など、社会主義的政策を打ち出すが、八一年から八三年までの間にフランは三度の切り下げを余儀なくされた。結局この実験は失敗に終わり、一九八三年には緊縮政策への転換が行なわれる。ミッテランはこの後、欧州統合を政策の中心に据えるが、実験の失敗は〈左派の民衆〉にとっては、大きな失望となった。

ミッテランの後、一九九五年に大統領に当選したのがジャック・シラクである。社会の分断を修復するとの公約を掲げたシラクは、政権に就くと逆に緊縮政策を実施し、さらには公務員の賃金凍結や年金制度改革を打ち出した。これが労組の猛反発を受けて、一九九五年末のストライキにつながる。一九九七年、シラクは局面打開のために解散総選挙に打って出るが、戦前の予想を覆して社会党を中心とする〈多元的左翼〉が多数を制し、社会党のリオネル・ジョスパンが首相となって、三度目となるコアビタシオンが始まることとなる。

二〇〇七年に大統領となったニコラ・サルコジは期待を集めて登場したものの、経済政策は富裕層を利するものであり、またナショナル・アイデンティティー省の創設など右派色を強めて中道派を含む一部の反発を招いた。二〇〇八年になると、米国から始まった金融危機により身動きが取れなくなってしまう。

そのサルコジは二〇一二年の大統領選で社会党のフランソワ・オランドに敗れる。しかし、オランドは新自由主義的な政策（緊縮財政、労働法改正等）を採用して左派の期待を裏切ったとされ、低支持率に苦しみ、二〇一七年大統領選では不出馬に追い込まれる。一言で言えば、近年のいずれの大統領もある程度は期待されて登場したにもかかわらず、それに応えることはできなかった。

政治学者パスカル・ペリノーは近著『ポピュリズム』で、現在では集団としての進歩という考え方が失われ、社会がさまざまなグループ（学生、狩猟愛好者、同性愛者、シングルマザー、自家用車利用者、オートバイ利用者等）に著しく細分化され、それぞれが独自の利害に適合する措置を公権力に求めると言う。そして、公権力はそうしたグループの要求に応えるならば正統と認められ、そうでなければとんでもなく抑圧的だとして非難を受ける。二〇二二年春の次回大統領選はどうなるだろうか。エマニュエル・マクロンの任期中は〈黄色いベスト〉運動や新型コロナウィルス感染症など、類例のない出来事が起きているだけに、予測はこれまでになく困難なように思われる。

5. 現代におけるドゴール

ドゴールの没後五〇年、将軍は歴史上の人物となったと言ってよい。存命中の彼は、評価の別れる人物だった。すでに第二次大戦中、フランクリン・ルーズヴェルトはドゴールを〈独裁者見習〉だと見て、フランスの指導者としてふさわしくないと考えていた。

しかし、歴史上の人物となったドゴール将軍は、誰からも称賛される存在となった感がある。長く極右政党国民戦線（FN）党首を務めたジャン＝マリー・ルペンは、二〇一八年出版の『回想録』に、ドゴールはフランスに大いなる苦痛を与えたと記した。ところが、彼の娘で国民連合（RN、旧国民戦線）党首のマリーヌ・ルペンは、二〇二〇年の雑誌への寄稿で、ドゴールを〈偉大な人物〉と評し、その〈遺産〉を引き継ぐとした上で、国民連合はいまのフランスでは〈ドゴールの路線に最も近い政党〉だとさえ書いた。現在のRNは従来よりも穏健な路線を追求しているとはいえ、父親の時代と比べると一八〇度の転換とさえ言える変化である。

一方、エマニュエル・マクロンはドゴール没後五〇年、一九四〇年六月一八日のロンドンからの抵抗への呼びかけの八〇年記念の二〇二〇年に、ロンドンあるいはコロンベイ村での記念式典に臨んで、ドゴールの遺産を受け継ぐものだと主張した。

この二人だけではない。ドゴールとはかなり遠い政治的立場にあるジャン＝リュック・メランションも、彼が不屈の人物であったと評している。環境保護政党EELVの指導者の一人であるヤニック・ジャドは、将軍の遺産と環境保護を結びつけようとした。社会党第一書記のオリヴィエ・フォールは、六月一八日の呼びかけの八〇周年に際して、やや控えめながら、あきらめずに希望を持つよう呼びかけたドゴールに敬意を表している。ドゴールの流れを汲む政党である共和派の党首、クリスティアン・ジャコブが同じ機会にドゴールを称賛したのは当然であるが、彼はまた誰もがドゴールの遺産を引き寄せようとする〈日和見主義〉を批判した。

現代フランス政治では、どの党派も多かれ少なかれ、ヴィノックが〈最後の偉人〉（『フランスの肖像』）と呼んだドゴールを称えるようになった。それは、ドゴール時代が遠くなったことを意味しているだろう。フランスは、この五〇年余りで、大きく変わった。一九六〇年代のフランスは、現代に比べればはるかに均質的だった。こんにちのフランス社会は、ジェローム・フルケが『フランス群島』で書いたように、極度に細分化している。ジャン・ガリーグによれば、ドゴール時代のようなフランスの〈偉大さ〉は、現代では実感を持たれないという。

フランスのパラドックスは、それでもなお、強い指導者への期待が消えていないことだ。これは、先の見えにくい時代において、国家によるより多くの保護を求める市民が増加しているためだろうか。二〇一八－一九年の〈黄色いベスト〉運動では、一部でピエール・ド・ヴィリエ将軍（元統合参謀本部議長。マクロン政権成立後間もなく、国防予算減に抗議して辞任）を大統領に、という声が上がった。ジャン・ガリーグは、これは権威と救世主的人物への希求がまだ生きていることを示していると言う。しかし同時に、第五共和制の大統領を中心とする〈垂直的〉な仕組みに対して、より〈水平的〉な権力、より多くの市民参加を求める声も聞こえてくる。この相反する二つの期待の中で、現代フランスの政治家は、巧みに行動しなければならないのだと、ガリーグは述べている。

いずれにしても、ドゴールは歴史上の人物となった。ヴィノックは、『フランスの肖像』でペシミズムはフランスの国民的な病であると書いている。また、二〇二〇年のIFOP社の世論調査によれば、フランス人の七〇%が、社会は以前よりも悪くなったと感じているという。そうした国において、彼はいまでは黄金時代を代表する大人物と見られるようになったのかもしれない。

＊＊＊

本書は、二〇二〇年のドゴールの一九四〇年六月一八日の呼びかけの八〇周年、没後五〇周年を前に、二〇一九年に刊行された。この機会に、多数のドゴール関連書が出版されたが、本書はフランス現代史に関する多くの業績がある歴史家による著作であり、またフランス現代史におけるドゴールの位置づけと意義を明らかにしようとしている点に特徴がある。日本の読者にとっては、ドゴール自身にとどまらず、彼の活動した時代のフランス史を知る上でも有益と思われる。

本書の出版直後には、フランスで多くの書評が出ている。レクスプレス誌は「特筆すべき鋭敏な心理分析」を評価し、ウェブマガジンのアトランティコはヴィノックが決定的であった二つの時期ドゴールの本質をよく捉えた著作というものである。マ誌は、非常に鋭いユニークなエッセーと評している。フランスでの受け止め方は総じて、簡潔ながら（一九四〇年と一九五八年）におけるドゴールの複雑な内面を捉えることに成功していると書いた。テレラ

著者ミシェル・ヴィノック（一九三七年生まれ）は、フランス近現代政治史、政治思想史を専門とする歴史家で、パリ政治学院名誉教授。この分野におけるフランスを代表する歴史家の一人であり、多数の受賞歴がある。フランスでは、彼の筆力に対する評価も高い。日本では一時期、アナール派の歴史家の著作に対する関心が高かったこともあり、ヴィノックに限らず政治史を専門とするフランスの歴史家およびその著作に対する関心は、相対的に低い傾向があったように思われる。そうした事情もあってか、フランスでの評価の割には近年まで紹介される機会がやや限られていた感がある。

著作の邦訳には『ナショナリズム・反ユダヤ主義、ファシズム』（川上勉・中谷猛監訳、藤原書店、一九九五年）、『知識人の時代――バレス、ジッド、サルトル』（塚原史・立花英裕・築山和也・久保昭博訳、紀伊國屋書店、二〇〇七年、原書は一九九七年メディシス・エッセイ賞受賞）、『フランスの肖像――政治、歴史、思想』（大嶋厚訳、吉田書店、二〇一四年）、『ミッテラン――カトリック少年から社会主義者の大統領へ』（大嶋厚訳、吉田書店、二〇一六年、原書は二〇一六年フランス上院歴史書賞受賞）、『フランス政治危機の100年――パリ・コミューンから1968年5月まで』（大嶋厚訳、吉田書店、二〇一八年）がある。未訳の著書には『自由の声』（二〇〇一年アカデミー・フランセーズ・ロラン・ド・ジュヴネル賞受賞）、『クレマンソー』（二〇〇八年オージュルデュイ賞受賞）、『スタール夫人』（二〇一〇年ゴンクール伝記賞受賞、二〇一一年アカデミー・フラン

セーズ・ゴベール大賞受賞）など多数がある。八〇歳を過ぎた現在も精力的に執筆活動を続けており、二〇二〇年には、第二次大戦終結後の時代の思い出を語る著書『いにしえの日々』（二〇〇三年刊の著書『ジャンヌとその家族』の続編的位置づけ）を刊行した。二〇二一年にも、『フロベールの世界』および『解放されたフランス（一九四四―一九四七）』の出版が予定されている。

本書の出版にあたっては、作品社の福田隆雄氏に大変にお世話になった。原書にない写真を掲載したのは福田さんのアイデアであり、また写真の選定や手配にあたってもご尽力いただいた。ここに感謝の意を表する次第である。訳者の質問に快く答えてくれた著者のミシェル・ヴィノック氏にも、謝意を表したい。

二〇二一年四月　大嶋　厚

◆マ行

◆ラ行

◆ハ行

◆タ行

◆ナ行

◆サ行

索引

◆ア行

◆カ行

[訳者略歴]
大嶋　厚（おおしま　あつし）
1955 年生まれ。翻訳者。上智大学大学院博士前期課程修了。国際交流基金に勤務し、在ベルギー日本大使館文化担当書記官、パリ日本文化会館副館長などを務める。
◆訳書
・ミシェル・ヴィノック『フランスの肖像――歴史・政治・思想』吉田書店、2014 年
・ヴァンサン・デュクレール『ジャン・ジョレス 1859 － 1914 ――正義と平和を求めたフランスの社会主義者』吉田書店、2015 年
・ジャン＝ルイ・ドナディウー『黒いナポレオン――ハイチ独立の英雄トゥサン・ルヴェルチュールの生涯』えにし書房、2015 年
・ミシェル・ヴィノック『ミッテラン――カトリック少年から社会主義者の大統領へ』吉田書店、2016 年
・ミシェル・ヴィノック『フランス政治危機の 100 年――パリ・コミューンから 1968 年 5 月まで』吉田書店、2018 年
・パトリック・ヴェイユ『フランス人とは何か――国籍をめぐる包摂と排除のポリティクス』宮島喬、中力えり、村上一基共訳、明石書店、2019 年
◆著書
・『パリ、歴史を語る都市』えにし書房、2020 年

［著者略歴］
ミシェル・ヴィノック（Michel Winock）
1937年パリ生まれ。歴史家。専門は近現代フランス政治史、政治思想史。パリ政治学院名誉教授。『知識人の時代』でメディシス・エッセイ賞（1997年）、『ミッテラン』で仏上院歴史書賞（2016年）などを受賞。
◆邦訳のある著書
『ナショナリズム・反ユダヤ主義・ファシズム』川上勉、中谷猛監訳、藤原書店、1995年
『知識人の時代――バレス／ジッド／サルトル』塚原史、立花英裕、築山和也、久保昭博訳、紀伊國屋書店、2007年
『フランスの肖像――歴史・政治・思想』大嶋厚訳、吉田書店、2014年
『ミッテラン――カトリック少年から社会主義者の大統領へ』大嶋厚訳、吉田書店、2016年
『フランス政治危機の100年――パリ・コミューンから1968年5月まで』大嶋厚訳、吉田書店、2018年

CHARLES DE GAULLE
Un rebelle habité par l'histoire
By Michel WINOCK

CHARLES DE GAULLE
——Un rebelle habité par l'histoire

シャルル・ドゴール——歴史を見つめた反逆者

2021年7月 5日　第1刷印刷
2021年7月10日　第1刷発行

著者———ミシェル・ヴィノック
訳者———大嶋 厚

発行者———和田 肇
発行所———株式会社作品社
〒102-0072 東京都千代田区飯田橋 2-7-4
tel 03-3262-9753　fax 03-3262-9757
振替口座 00160-3-27183
https://www.sakuhinsha.com
本文組版——有限会社閏月社
装丁———小川惟久
印刷・製本——シナノ印刷(株)

ISBN978-4-86182-857-7 C0020

ジャック・アタリの著書

21世紀の歴史

未来の人類から見た世界

林昌宏訳

「世界金融危機を予見した書」――ＮＨＫ放映《ジャック・アタリ　緊急インタヴュー》で話題騒然。欧州最高の知性が、21世紀政治・経済の見通しを大胆に予測した“未来の歴史書”。amazon総合１位獲得

新世界秩序

21世紀の“帝国の攻防”と“世界統治”

山本規雄訳

30年後、世界を支配するのは誰か？ 今後、帝国の攻防は激化し、ポピュリズム・原理主義が台頭し、世界は無秩序とカオスへと陥る。欧州を代表する知性が、21世紀の新世界秩序を大胆に構想する！

ポピュリズムとファシズム

21世紀の全体主義のゆくえ

The New Faces of Fascism
Populism and the Far Right
Enzo Traverso

エンツォ・トラヴェルソ
湯川順夫 訳

コロナ後、
世界を揺さぶる“熱狂”は、
どこへ向かうのか?

世界を席巻するポピュリズムは
新段階に入った。
その政治的熱狂の行方に、
ファシズム研究の権威が迫る!